创新百讲

夏铁君 陆培华 著

知识产权出版社
全国百佳图书出版单位
—北京—

图书在版编目（CIP）数据

创新百讲/夏铁君，陆培华著. —北京：知识产权出版社，2021.12（2022.10 重印）

ISBN 978-7-5130-7856-6

Ⅰ.①创… Ⅱ.①夏… ②陆… Ⅲ.①产品开发—案例—汇编 Ⅳ.①F273.2

中国版本图书馆 CIP 数据核字（2021）第 234854 号

责任编辑：高　超　　　　　　　　责任校对：潘凤越
封面设计：臧　磊　　　　　　　　责任印制：刘译文

创新百讲

夏铁君　陆培华　著

出版发行	知识产权出版社有限责任公司	网　　址	http：//www.ipph.cn
社　　址	北京市海淀区气象路 50 号院	邮　　编	100081
责编电话	010-82000860 转 8383	责编邮箱	morninghere@126.com
发行电话	010-82000860 转 8101/8102	发行传真	010-82000893/82005070/82000270
印　　刷	北京虎彩文化传播有限公司	经　　销	新华书店、各大网上书店及相关专业书店
开　　本	720mm×1000mm　1/16	印　　张	13.25
版　　次	2021 年 12 月第 1 版	印　　次	2022 年 10 月第 2 次印刷
字　　数	165 千字	定　　价	48.00 元

ISBN 978-7-5130-7856-6

出版权专有　侵权必究

前言
PREFACE

创新的重要性毋庸置疑，创新能力的提高依赖于创新思维（或曰创意思维）的培养。而要培养创新思维，研究富含创新精神的优秀案例，并探讨其中包含的规律，是一条行之有效的途径。

如今，创新的重要性被提升到前所未有的高度，但能结合实践开展创新思维培养的书籍却非常缺乏。本书正是为了解决"创新窘境"，使普通人也拥有创新思维。通过解析创新案例中的创新规律和方法，让广大读者觉得创新来源于生活，创新来源于实践，创新无处不在，创新就在身边，即使再伟大的发明也有其自身规律。

本书精选了100个引人入胜而人们尚不熟悉的创新案例作为讲解的内容。这些案例主要涉及三个方面的创新活动：解决难题、改进现状、创造或发现新事物。案例中的创新实践收获了许多重要的成果，如克服了长期存在的困难、建立了意义重大的项目、发明了广受欢迎的产品、赢得了激烈的竞争、创立了成功的企业、创作了有影响力的作品等。这些案例中不乏历年被评选出来的诺贝尔奖项和最佳发明项目。

书中不仅介绍了这些创新故事的精彩内容，也对驱动创新行动的思考过程进行了深入的分析，并在每一讲的最后对案例中的创新精髓作了简短小结。这些分析有助于读者将创新思维的原理移植到人们的工作和生活中去，并在其他场景发挥强大的创新活力，取得举一反三的效果。

本书的材料部分来自作者之一（夏铁君博士）于2018—2020年在微信群"创新大家谈"中所发布的"TJ说创新"音频。这个音频系列很受群友的欢迎。本书的另一位作者陆培华博士，曾经主编了国内第一本讲述医学创新方法的书籍《医学行为创新》。两位作者把100个引人入胜的创新案例整理成稿，并给每个故事配上插图，以《创新百讲》的书名出版。在此要特别感谢樊电先生最初关于播放音频"TJ创新说"的提议。

本书内容生动有趣，图文并茂，行文深入浅出，通俗易懂，适合各阶层、各年龄段的读者阅读。我们相信，读者朋友在享受本书阅读乐趣的同时，会在激励创意思维方面得到启发，并提升自己的创新能力。

夏铁君　陆培华
2021年7月

作者声明

本书包含许多对创新事例的描述。作者根据能够获得的公开资料尽量使描述符合事实，但不保证所有解析均完全准确无误。读者如果要移植本书中的创新规律，须谨慎行事，因不能确保所有场景均为有效，特此声明。

目录
CONTENTS

1　第❶讲：胜过哈勃——拍摄高清天体照片有妙招

3　第❷讲：不闻噪音——电吹风变安静了

5　第❸讲：头盔可叠——如何鼓励人们戴头盔

7　第❹讲：逛店无扰——推销员不再主动搭讪

9　第❺讲：路远心平——旅客心急有对策

11　第❻讲：两个焦点——中心位置留给谁

13　第❼讲：鸟喙张合——小雀不开尊口怎么办

15　第❽讲：香肠退敌——决斗必输无疑，他却死里逃生

17　第❾讲：显微无尽——分辨率极限不复存在

19　第❿讲：一网多能——让光纤网络价值倍增

21　第⓫讲：污迹现身——让地沟油原形毕露

23　第⓬讲：雷达难觅——电波发射机在哪儿

25　第⓭讲：光分两路——反射还是透射

27　第⓮讲：绳断机停——请坐电梯，绝对安全

29　第⓯讲：万里相拥——天涯咫尺不是梦

31　第⓰讲：点火成图——画纸火药巧结合

33　第⓱讲：长短相辅——误差太大怎么办

35　第 ⑱ 讲：此林非林——吹捧他人却不失风范

37　第 ⑲ 讲：天才相助——邀请牛顿来帮忙

39　第 ⑳ 讲：墨迹无痕——水笔写的也能擦除

41　第 ㉑ 讲：原子搬迁——隔空传物零的突破

43　第 ㉒ 讲：万能厨具——多功能电锅的诞生

45　第 ㉓ 讲：钩小功高——剃须刀内有乾坤

47　第 ㉔ 讲：盐湖作纸——这张便笺有点大

49　第 ㉕ 讲：复印多次——可重新使用的纸张

51　第 ㉖ 讲：效仿皮影——台上谁学谁

53　第 ㉗ 讲：天体作礼——无价的馈赠

55　第 ㉘ 讲：无袜更佳——去掉半截感觉好

57　第 ㉙ 讲：言终人散——为何听众不见了

59　第 ㉚ 讲：废料自封——让它自己锁住自己

61　第 ㉛ 讲：光纤问世——互联网用户都得感谢他

63　第 ㉜ 讲：影子引路——缺了卫星信号照样导航

65　第 ㉝ 讲：安全针筒——伤人的针头不再有

67　第 ㉞ 讲：涂鸦新品——被喷红漆又如何

69　第 ㉟ 讲：混合入场——奥运选手冰释前嫌

71　第 ㊱ 讲：人机起舞——一位艺者的双人秀

73　第 ㊲ 讲：色盲福音——交通信号有图案

75　第 ㊳ 讲：打猎袖手——技不如人却赢了竞争

77　第 ㊴ 讲：病房醒悟——一张神奇的处方

79　第 ㊵ 讲：代人送神——这个"脏活"谁来干

81	第 ④ 讲：指纹复原——证据其实没消失
83	第 ㊷ 讲：起始标签——水果可以吃了吗
85	第 ㊸ 讲：投影超大——保证不会错过它
87	第 ㊹ 讲：顾客定价——卖家听从买家
89	第 ㊺ 讲：挑刺团队——为何他们总是唱反调
91	第 ㊻ 讲：简易三维——立体显示并不难
93	第 ㊼ 讲：宁碎瓦罐——山道遇阻有良策
95	第 ㊽ 讲：独脚仙鹤——此鸟到底几条腿
97	第 ㊾ 讲：节省九成——洗衣只用一成水
99	第 ㊿ 讲：空中来电——免费能源处处有
101	第 ㉕ 讲：塑料导电——"从来不"不等于"永远不"
103	第 ㉖ 讲：激光灭蚊——对抗疟疾新装置
105	第 ㉗ 讲：网格浅淡——准备海报不再有烦恼
107	第 ㉘ 讲：鸭菜有序——您的证书编号是什么
109	第 ㉙ 讲：第三形态——既不是晶体，也不是非晶体
111	第 ㉚ 讲：高低鞋跟——户内户外两相宜
113	第 ㉛ 讲：高空滑梯——快速逃生有新招
115	第 ㉜ 讲：何谓手稿——研究论文借来一用
117	第 ㉝ 讲：课题冷热——研究超导的多，研究什么的少
119	第 ⑥⓪ 讲：飞轮储电——不用电池也能保存能量
121	第 ⑥① 讲：理性存疑——金钱面前多感性
123	第 ⑥② 讲：细菌护肤——护肤新品的推出
125	第 ⑥③ 讲：灵活靠板——舒适的双人床

127　第 ⑥④ 讲：含蓄肖像——医用大图挂墙上

129　第 ⑥⑤ 讲：安检上机——从这里乘飞机旅行最安全

131　第 ⑥⑥ 讲：T恤说话——沟通好帮手

133　第 ⑥⑦ 讲：价廉图美——小成本地球照片的诞生

135　第 ⑥⑧ 讲：一探一片——残留地雷全现形

137　第 ⑥⑨ 讲：旋转缓冲——护栏拦车车还走

139　第 ⑦⓪ 讲：水中飞舞——风筝变"水筝"

141　第 ⑦① 讲：光增无阻——如何使激光更强

143　第 ⑦② 讲：追逃利器——嫌疑车辆哪里跑

145　第 ⑦③ 讲：手动离心——这个绝对最低价

147　第 ⑦④ 讲：卡车运数——光纤传输不如它

149　第 ⑦⑤ 讲：土豆金贵——你们不能种植它

151　第 ⑦⑥ 讲：龙舞瓶上——画，还是不画

153　第 ⑦⑦ 讲：奔向伙伴——马不听话怎么办

155　第 ⑦⑧ 讲：背上珍品——这才是她们的心爱之物

157　第 ⑦⑨ 讲：吻痕邮票——情人节的新花样

159　第 ⑧⓪ 讲：风电上天——可移动绿色能源

161　第 ⑧① 讲：生物导航——找到位置细胞以后

163　第 ⑧② 讲：水中光刻——精度升级只在一念之间

165　第 ⑧③ 讲：阅后即焚——读过的短信还在吗

167　第 ⑧④ 讲：芯片在内——小小零件作用大

169　第 ⑧⑤ 讲：相片白用——不仅不付钱，反而伸手要钱

171　第 ⑧⑥ 讲：公平奖赏——更平衡的创新激励制度

目录

173　第87讲：声音可见——帮助听觉有眼镜

175　第88讲：只踢三下——你想回击？没门

177　第89讲：基因未短——遗传为何没有退化

179　第90讲：反馈全优——保证顾客说满意

181　第91讲：进化飞快——提高催化效率有高招

183　第92讲：再写一回——秘密信息风吹云散

185　第93讲：车头朝下——停车新位形

187　第94讲：鸟粪压车——个头虽小强度高

189　第95讲：超速克星——司机一见就小心

191　第96讲：同族相连——没有案底但有线索

193　第97讲：无效刺探——就是看到也徒劳

195　第98讲：刀叉一副——不懂礼仪有何难

197　第99讲：一人独饮——谁来干了这杯酒

199　第100讲：单层石墨——材料到底可以有多薄

第1讲

胜过哈勃

拍摄高清天体照片有妙招

一般来说，天文望远镜的口径越大，拍出的照片就越清晰。只是由于以前所有的大型天文望远镜，除了飞在太空的哈勃望远镜，都建在地面上，因此它们成的像会受到地球表面大气扰动的影响，无法拍到哈勃望远镜获得的那么清楚的照片。

用建在地面的天文望远镜就无法拍到特别清晰的天体照片吗？英国剑桥大学的克雷格·麦凯博士和他的同事对这个问题进行了深入的思考。他们想到大气扰动是一种随机现象，其规律必定具有统计特征。大气扰动的强度一定会有时强、有时弱，甚至会在某些特殊时刻，趋于零。如果让望远镜的相机在大气扰动几乎为零的"幸运"时刻及时地把天体图像记录下来，那么照片的分辨率一定很高。可问题是，大气扰动强度为零的时刻转瞬即逝，相机如何才能把握这样的时刻打开快门呢？

麦凯博士的团队后来巧妙地解决了这个问题。他们在加州一座大口径天文望远镜上，安装了一台特殊的相机。这架相机的任务就是对准某个天体，保持每秒20张照片的速度，不停地拍摄，连续进行若干个小时。在他们获得的超大量照片中，一般总能发现极少量的照片正好拍摄于大气扰动强度几乎为零的时刻。团队把这些照片挑出来仔细分析，结果发现，这些挑出来的照片中有的清晰度居然是哈勃望远镜在太空中拍摄的同类照片清晰度的两倍。麦凯博士的团队终于实现了用地面望远镜拍出清晰天体照片的愿望。他们设计的这个天体摄影新方法被美国《时代》杂志评为2007年度的最佳发明之一。

麦凯博士的团队正是深刻地认识到了大气扰动的统计特性，从而获得了通过连续拍摄大量照片来捕捉高清天体影像的灵感，并成功地把它付诸实施。

统计现象非常普遍。在创新思考中，重视事物的统计规律有可能获得效果更好的新方法。

第2讲

不闻噪音

电吹风变安静了

家家户户必备的电吹风用起来总是呼呼作响，那是高速旋转的送风叶片振动时发出的噪音。这噪音虽然很烦人，但多年来生产电吹风的企业好像并没有想到要改进它，任凭使用者继续忍受这种不舒服的感觉而无动于衷。电吹风的噪音问题真的不易解决吗？

英国戴森电器公司的研发人员不信这个邪，他们决定着手对付这个老大难问题。通过研究产生噪音的源头，他们对传统的电吹风设计做了一项根本性的改进，于2014年推出了一款十分安静的产品，使用这款电吹风的人再也不用为噪音烦恼了。这些研发人员到底是如何彻底解决这个问题的呢？

原来，戴森公司的研发人员注意到噪音的频率和叶片的转速成正比，转速越高，噪音的频率也越高。传统的电吹风，叶片的转速大约都在每分钟两三万转左右，叶片在这个转速产生的噪音，其频率正好处于人的耳朵比较敏感的波段，因此使用者会觉得它的声音很响。研发人员就想，要是把噪音的频率提高到人耳不敏感的波段会怎么样？结论是这样的话使用者就不会听到噪音了。显然，要提高噪音的频率，就要提高叶片的转速。有了想法，说干就干，研发人员把叶片的转速一下子提高到了每分钟十几万转。结果，叶片在这个转速下产生的噪音，其频率已经处于超声波段。虽然噪音还在，但由于人的耳朵听不见超声波，也就感觉不到噪音的存在。研发人员随后把这个转速定为新产品的指标，使得戴森公司新出品的电吹风对使用者来说显得格外安静。

戴森公司的研发人员在开发新型电吹风时，没有受到传统电吹风叶片转速的限制，而是尝试比传统产品高得多的转速，终于在市场上推出了第一款安静的电吹风。

当讨论涉及某个参数如何取值的情况时，如果把取值范围尽量扩大一些，考虑那些比传统取值大得多的值，就有可能解决悬而未决的老大难问题。

第 3 讲

头盔可叠

如何鼓励人们戴头盔

英国发明家杰夫·伍尔夫由自身的经验深刻体会到，骑自行车时戴上头盔对骑车人的安全十分重要。可是，他对现实的情况又感到困惑，因为他观察到大多数人骑自行车时并不戴头盔。难道大家不了解头盔的重要性吗？出于好奇，他就去研究人们为什么骑车不喜欢戴头盔。

结果他发现，并不是人们不了解头盔能有效保障骑车人的安全，他们不戴头盔是另有原因。主要是人们觉得头盔太椰榄，不骑车时携带在身边很不方便，这种不便造成了人们宁可在骑车时冒一定的风险不戴头盔，也不愿意时刻拎着它。找到了人们不愿戴头盔的真正原因，伍尔夫的脑子里很快就产生了解决这个问题的方案。

他决定设计一个全新的头盔，让人们愿意随身携带它。这个设计方案的关键是头盔结构不再是刚性的，而是有一定的可变性。这个头盔由几片材料连接而成，不用的时候，头盔可以折叠起来，成为薄薄的一叠。这样，头盔使用者在不骑车的时候，可以把它折叠好，放在双肩包或公文包里，十分方便。

完成这个设计以后，伍尔夫在网上发起了众筹，为生产这个折叠式头盔筹集资金。他设定的众筹目标是 3.5 万美元，但网上对他的支持十分踊跃，最终他一共筹到了 25 万美元，大大超出了原先设定的目标。伍尔夫用这笔钱顺利地把他的设计做成了产品，并在 2015 年把可折叠头盔推向了市场。如今，这款新型头盔受到了很多消费者的好评。

当伍尔夫深入了解了人们骑车不戴头盔的根本原因以后，其解决的方案对他来说就等于是手到擒来。

当创新者看到一个问题，如果想找一个方案来解决它，首先找出造成这个问题的根源很重要。当他对问题的根源了然于胸，那么他离解决问题就已经不远了。

第4讲

逛店无扰

推销员不再主动搭讪

人们去汽车专卖店看看有没有自己中意的新车时，常会遇到店里的推销员不时主动前来打招呼，问有什么需要帮忙。大多数情况下，由于人们还没考虑好要不要买车，或者要买哪款车，对这样的热情招呼会心生反感。他们往往会没好气地对推销员说："我只是看看！"在这样的情况下，推销员的过分热情确实有些多余。但推销汽车正是他们的本职工作，在不了解顾客是否真的需要帮助时，他们只能不断试探。

蒂姆·西亚苏利是美国新泽西州联合市本田汽车专卖店的店长。他也不喜欢让顾客觉得推销员烦人，于是下决心要改变这个现状。经过反复思考，他想到可以采用一个贴纸来轻松解决这个问题。于是，他订购了一批专门设计的贴纸，贴纸上印有"只是看看"这句话的缩写。从此以后，凡有顾客进门，如果对买车的事还没打定主意，前台小姐就会发一张贴纸，让顾客把它贴在胸前。这样，顾客在店内来回走动，参观各种型号的新车时，推销员只要看到顾客胸前有贴纸，就会主动避让。而当顾客一旦打定主意，准备要买车时，他们就会揭下贴纸，寻求店员的帮助。这时，店员就可以热情地迎上前去，给顾客提供服务。西亚苏利的店用了"只是看看"这张贴纸以后，顾客的购车体验有了很大的改进。结果，这家专卖店成了该地区成长最快的本田专卖店之一，它的汽车销量比以前上了一个台阶。

一张小小的贴纸，说出了顾客的心声，使得店员了解顾客的意愿，消除了长期以来推销员常惹顾客心烦的现象，有效改善了店里的生意。

把想要表达的意思用明确清晰的形式展示出来，是最有效的沟通方式，会帮助人们省去很多麻烦。

第5讲

路远心平

旅客心急有对策

出门在外的旅客，心情容易变得急躁。特别是在遇到需要为某事等候时，即使等候的时间不是很长，往往也觉得十分难耐。

美国得克萨斯州休斯敦的一个机场有段时间就遇到了这么一个情况，旅客们对机场处理行李的速度常常表达不满。那段时间，抵达该机场的旅客在下了飞机以后，往往需要在行李传送带旁等待一段时间，才能拿到自己托运的行李，因此，不断有旅客向机场投诉行李传送过于缓慢的问题。机场经理为了平息旅客的怨气，特地指示行李运送部门增加人手，缩短旅客等待行李的时间。行李部门经过努力，使运送行李的速度达到了航空业的有关标准。可是，经过这样的改进以后，旅客的投诉并没有明显减少。

机场经理再一次检视了这个问题，这才发现，机场的下机口在主航站楼，行李传送带就在主航站楼下的楼梯口，旅客从下机口走到传送带只需要很短的时间。而从飞机上卸下行李，装上车，把它们运过来，再放到传送带上，整个流程无论如何也不可能在这么短的时间内完成，难怪旅客抱怨依旧。那么，怎样才能让旅客满意呢？

  机场经理决定用一个非传统的办法来解决这个问题。他把旅客的下机口移出主航站楼，并把行李传送带移到主航站楼下比较偏远的角落。这样，旅客下机以后要花比以前长得多的时间才能到达行李提取处。这个措施实施以后，等旅客走到传送带旁，他们托运的行李也很快出现在传送带上。从那以后，机场再也没有收到有关行李运送时间过长的投诉。

  虽然减少旅客的等待时间通常是通过加快行李运送速度来解决，但是当机场经理发现无法进一步缩短行李的运送时间以后，就打破了传统思维，反过来考虑如何通过适当增加旅客的走路时间来减少等待时间，从而圆满地解决了问题。

  生活中出现的问题常常涉及矛盾的双方。要是按照传统思维对其中一方做工作而无法解决问题时，可以考虑往相反的方向去想，看看能否通过做另一方的工作来取得进展。

第6讲

两个焦点

中心位置留给谁

让·巴蒂斯特·伊萨贝是法国19世纪著名的画家。1814年，在拿破仑被击败并囚禁于厄尔巴岛以后，各国代表齐聚维也纳，开会商讨欧洲的未来。会议特地邀请伊萨贝为与会代表创作一幅大型油画，好让历史永远记住他们的容貌。

伊萨贝到达维也纳以后不久，法国代表塔列朗就来造访。塔列朗向伊萨贝解释了自己在这次会议中所起的重要作用，希望画家在作画时能让他处于油画的中心位置。伊萨贝爽快地答应了塔列朗的要求。

没过几天，英国代表威灵顿也来看望伊萨贝，向他介绍自己在这次会议中所扮演的重要角色，并提出了和塔列朗一模一样的要求，期待伊萨贝能把这幅油画的中心位置留给他。心软的伊萨贝见他说得如此恳切，就没好意思回绝他。

威灵顿走后，伊萨贝却犯难了，一幅油画怎么可能有两个中心位置呢？不过，伊萨贝是个善于运用创意思维的艺术家，他稍微动了动脑筋，就有了如何走出这个困境的计策。

  这幅油画完成以后，在各国代表的见证下，会议为这幅画作举行了揭幕仪式。画面上，法国代表塔列朗稳稳地坐在画面中心的椅子上，其他国家的代表或坐或站，围绕在他的周围。然而，所有人的目光却都集中在英国代表威灵顿身上，因为画面上的他正从会议大厅的正门神采飞扬地走进来。对于画家的巧妙构思，塔列朗和威灵顿都十分满意。

  一幅油画的"中心位置"其实可以有不止一种表达，画家伊萨贝正是运用了这一思维。他把法国代表放在了油画的几何中心，而把英国代表放在了油画中众多人物关注的中心，这样的安排同时满足了两人相互矛盾的要求，使伊萨贝完成了原先看似不可能完成的任务。

  有时巧妙地利用事物的多重性，能帮助人们解决生活和工作中遇到的矛盾。

第 7 讲

鸟喙张合

小雀不开尊口怎么办

20世纪30年代到60年代,有位华裔摄影师活跃在好莱坞,他的名字叫黄宗霑。他是个极富创意的人,有关他的故事很多,这里给大家分享一则。

有一次,一位大牌导演想拍一个金丝雀唱歌的电影片段,就请黄宗霑担任摄影。等到现场一切就绪,准备开拍的时候,租来的那只金丝雀就是不开尊口。大家都很着急,有人前去检查,才发现这只金丝雀是雌的,而雌鸟是不会鸣叫的。导演很沮丧,便叫大家准备收工。

这时黄宗霑站了出来,他请大家暂时留步,让他再试一下。他径直走到金丝雀跟前,吐出嘴里正在咀嚼的口香糖,用手捏着,直接塞进了金丝雀的嘴巴。这鸟一下子懵了,不知道黄宗霑给它嘴里塞的是什么东西,它拼命想把口香糖吐出来,但口香糖很黏,要吐出来谈何容易。于是,金丝雀的喙一张一合动个不停。趁着这个机会,黄宗霑赶紧拍摄。结果片子冲出来一看,这哪里是金丝雀想把口香糖吐出来,分明是它在引吭高歌。再配上鸟鸣的声音以后，这段金丝雀唱歌的影片要多逼真就有多逼真。

黄宗霑敏锐地认识到，拍摄小鸟唱歌的影片，最需要的其实不是鸟嘴发出鸣叫声，而是鸟喙不停地张开和闭合，看上去好像它正在不停地唱歌那样，至于声音总是可以在以后加上去的。认识到这一点以后，往鸟嘴里塞块口香糖不过就是一个简单的技巧而已。

拥有刨根问底的好习惯，往往就容易了解达到目标真正需要的是什么。知道了真正的需要，应该做什么和应该怎么做常会变得清晰起来。

第 8 讲

香肠退敌

决斗必输无疑，他却死里逃生

1865 年，普鲁士进步党领袖维尔乔和首相俾斯麦在国会中讨论军费预算问题时，爆发了激烈的争论。俾斯麦认为维尔乔在争论中羞辱了他，于是提出以决斗的方式来解决两人的争端。

俾斯麦有一定的军旅背景，对武器应该不会陌生。而维尔乔乃一介书生，也许从来都没有碰过任何武器。这场决斗，在所有人看来，维尔乔必输无疑。

但是，维尔乔有他自己的想法。当俾斯麦的代表送来决斗挑战书的时候，维尔乔正在大学的实验室里做生物实验。他告诉俾斯麦的代表，他将选择特殊的武器和特殊的决斗方式来和俾斯麦摊牌，因为根据传统，在决斗中接受挑战的一方有权选择决斗的武器和决斗的方式。

维尔乔说，他所选择的决斗武器是两条香肠，它们一条有毒，一条无毒，但表面上看上去没有任何区别。俾斯麦可以选择其中一条吃下去，他将吃下另一条。这就是他选择的决斗方式。俾斯麦的代表听到维尔乔的回应后，经过考虑，撤回了决斗邀请，因为他不能够让俾斯麦冒中毒的风险。

维尔乔在形势对自己完全不利的情况下，跳出常见决斗武器和决斗方式的范围，选择前所未闻的吃有毒香肠的方式来和俾斯麦拼命，这个策略让对方措手不及。他别出心裁的做法让他避开了这场注定要输的决斗，从绝境中死里逃生！

思考与某个问题有关的事物时，若能不拘泥于其常见的选择范围，善于在这个范围之外寻找新的元素，那么，也许就会峰回路转，柳暗花明。

第9讲

显微无尽

分辨率极限不复存在

众所周知，任何光学显微镜都有一个分辨率极限。一个物体要是比显微镜聚焦以后得到的最小光斑还要小，人们通过显微镜是看不清它的。

那么，真的就没有办法通过显微镜看到比分辨率极限更小的东西了吗？德国科学家施泰方·海尔博士可不想这么快就下结论，大学毕业后他一直在思考如何突破这个极限的问题。

1994年，海尔博士终于找到了一个提高显微镜分辨率的办法。他在使用显微镜的时候注意到，显微镜最小光斑内部的光强分布是不均匀的，通常是中间强，边上弱。如果一个样品比光斑小得多，而又只和光斑中心超过某个光强阈值的光发生作用的话，那么就可以利用这个作用来提高显微镜的实际分辨率。具体做法是，只让光斑中心部分的光强超过发生作用的阈值，这样，只有当光斑中心部分和样品重叠时才会发生作用。只要光斑移动很小一点距离，使其中心部分不再和样品重叠，这个作用就会马上消失。由于光斑中心超过阈值部分的尺寸可以远远小于显微镜最小光斑的尺寸，所以用这个办法来给比光斑小得多的样品成像，分辨率可以大大高于传统的显微镜分辨率极限。在实验中，海尔博士利用受激荧光成像，通过观察超过光强阈值才能出现的受激荧光，看到了蛋白质的精细结构，得到的分辨率是普通显微镜极限分辨率的 20 倍。海尔博士因此获得了 2014 年度的诺贝尔化学奖。

海尔博士没有把显微镜的最小光斑看作一块简单的亮斑，而是认真分析光斑内部光强的大小分布，从而想到了通过设置受激荧光光强阈值的办法，来突破显微镜分辨率的极限。

在观察一个完整对象的时候，尽量避免把它看作一个黑盒子，而是把它看作一个有丰富内部结构的东西。因为在认识到事物的内部构造以后，也许就会由观察到的内在布局激发出新的思路。

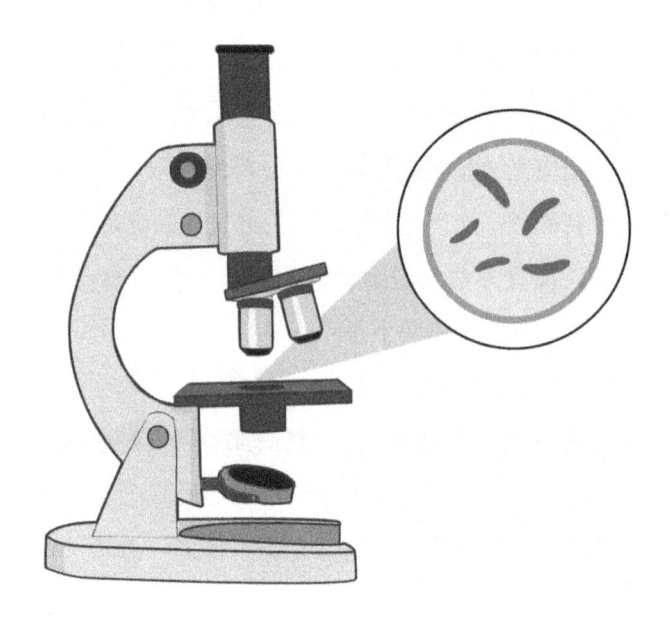

第 10 讲

一网多能

让光纤网络价值倍增

随着互联网的高速发展，现在全世界到处都铺设了光缆。据估计，目前世界上已经铺设了两千多万千米的光缆，这些光缆的用途，就是把互联网的信号在不同地方之间进行传输。

日本电气公司研究院的光通信专家王亭博士曾经问自己一个问题：为什么光纤网络只有传输信号这个单一功能？是否可以让它具有更多的功能并体现更高的价值？这么一问，他的思路就被激活了。他想到，特殊设计的光纤已经被用来做各种各样的传感器，那么通信网络的光纤是否也可以用来做传感器呢？虽然通信光缆中包含的是普通光纤，但它对周围环境也具有不错的感应能力。因此，如果用互联网现成的光纤光缆来做传感器的话，那么，光纤网络不仅可以用作通信，同时还可以作为庞大的传感网络来为社会服务！

有了这个想法，王亭带领的团队很快就开发出了适用于光纤通信网络的环境检测设备，并在互联网服务商美国威瑞森通信公司的网络上进行了测试，取得了成功。这套设备能检测光缆附近的振动、声音、温度、压力等参数，可用于交通监控、安全防护、网络管理等多项用途。这项成果发表以后，引起了通信行业专家的广泛关注，现在，用互联网光纤网络来监测环境已经成为一个全新的领域。人们预测，这方面的发展将对智能社区的建设产生重大的影响。

　　光纤网络原本只有一个功能，那就是传递互联网信号，王亭通过考虑给光纤网络增加新的传感功能，打开了光纤网络应用的新天地。

　　对于任何只具有单一功能的事物，完全可以考虑如何让它变得具有更多不同的功能，从而增加这个事物的价值。

第11讲

污迹现身

让地沟油原形毕露

地沟油问题困扰了消费者很多年，政府查处地沟油的力度不可谓不强。可问题是，处理地沟油的厂商现在都用上了十分先进的地沟油回收技术，经他们处理过的地沟油从成分上看几乎和食用油一模一样。普通的检测手段要分辨一桶食用油是不是经过处理的地沟油，基本上无能为力。卫生部门无奈地表示，很多时候明明知道是地沟油，但就是检测不出来。

2017年，山西太原民警任飞经过长时间的研究，终于找到了解决这个问题的办法。他的基本思路是：正宗的食用油和地沟油一定是有差别的，不可能一模一样。因为，一个是榨出来还没有用过的生油，一个是已经在烧菜时用过的熟油，油烧过菜以后，不可能不留下任何痕迹。

顺着这个思路，任飞决定采用痕量检测技术。由于人们烧菜时用辣椒的现象十分普遍，因此，他把辣椒碱作为痕量检测的对象。现在的痕量检测技术已经非常先进，可以测到一万亿分之一的杂质含量。果然，任飞的"辣椒碱地沟油检测法"一经使用就显示出惊人的效果，市场上卖的食用油到底是不是地沟油，用他的办法一测就清楚了。目前，这个检测方法已经通过了各项考核，正被推广使用。有了这个新的检测手段，地沟油就再也没有办法蒙混过关了。

在研究有效的地沟油检测方法过程中，任飞把注意力放在了地沟油和正常食用油之间的差异上，由此发现了地沟油内存在着正常食用油所没有的辣椒碱，虽然这个杂质的含量非常少。这个发现为解决地沟油检测的老大难问题铺平了道路。

如果能多留意事物之间的差异，哪怕是非常微不足道的差异，对打开思路也常常是有帮助的。一个被人们忽视的差异，有可能就是解决某个问题的关键因素。

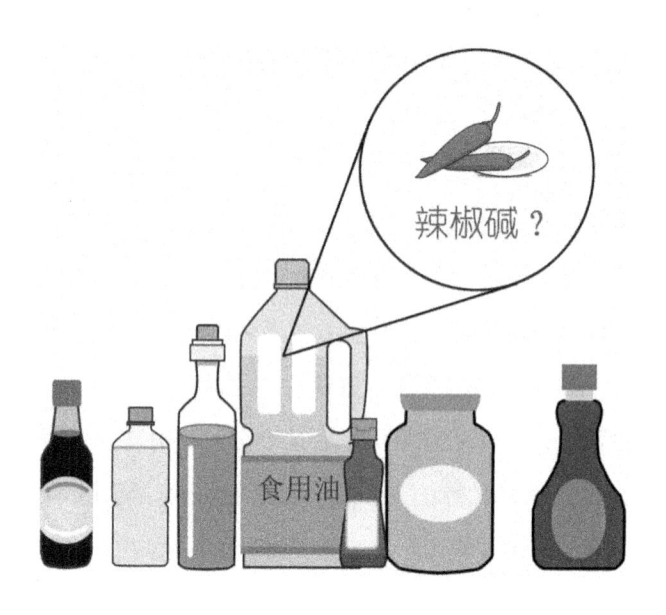

第12讲

雷达难觅

电波发射机在哪儿

普通雷达的工作原理众所周知。为探测飞机，雷达的发射机会发出一束无线电波，电波遇到飞机就会反射，雷达的接收机通过检测电波的回波，就能知道飞机的位置和飞行的速度。不过，雷达在发射电波的同时也会暴露自己，在战争中，敌方的飞机会顺着雷达发出的电波，找到雷达站的位置，把雷达站摧毁。所以，雷达在探测敌人飞机的时候，也把自己暴露于危险之中。

早在1997年，英国的罗克研究所就开始研究不用电波发射机的雷达，以保障雷达站的安全。没有发射机，也就没有反射的电波，那么这样的雷达又是如何探测飞机的呢？原来，罗克研究所的工程师注意到通信市场的一个变化，就是手机正在逐渐取代家用电话，成为人们主要的通信工具。他们就想，要是将来人人都用手机，那么无线通讯基站的天线和巨量的手机天线发出的无线电信号就会在空中形成一个电波的"海洋"，到那个时候，任何飞机将不可避免地飞在充满电波的天空中。而飞机的飞行，必然会在这个电波的"海洋"中激起涟漪，就像开在水面的船只会激起水波的涟漪一样。通过检测电波"海洋"中的涟漪，就有可能探测到飞机的活动。循着这个思路，他们开发了一种新型的不用电波发射机的雷达，被称为"被动雷达"。这种雷达不仅能探测普通飞机，还能探测反射电波很少的隐形飞机。最为重要的是，这种雷达十分安全，因为没有电波从雷达站发射出去，飞机是无法侦测到雷达站的位置而攻击它的。

　　罗克研究所的工程师在意识到手机即将普及，肯定会出现一个天空中到处充满无线电波的现象以后，及时抓住了机会，利用这个新现象，成功地开发出了全新的雷达系统。

　　多注意观察近期出现的或将要出现的新现象，并及时利用这些新现象来为自己的目标服务，也是创新的重要方法之一。

第 13 讲

光分两路

反射还是透射

传统的单反相机，从取景器看到的影像是由相机内的一块平面反光镜反射过来的。按下快门以后，这块反光镜会翻转，把透镜所成的像投射到感光芯片上。在芯片感光期间，取景器上是看不到图像的，这种设计，据说是为了使取景器上看到的图像和感光芯片记录的图像完全一致。感光过程完成以后，反光镜会恢复原位，重新把影像投射到取景器上。不过，取景器的短暂黑屏总让使用者感到有些不舒服，且反光镜需要翻上翻下，大大限制了相机连续拍照的速度。

日本索尼公司在 2010 年推出了一款不需要翻转反光镜的单反相机。索尼用的办法说起来很简单，就是用一块半反半透的镜子来代替原来的镜子。在这款相机内，影像在被反射到取景器的同时，也透过镜子投射到感光芯片上。因此在拍照的过程中，镜子就不用翻动了。由于这个改进，这款相机能够快速地连续拍摄多幅照片。

传统单反相机中的镜子是完全不透光的，所以影像要么在镜子处于原位时被完全反射到取景器,要么在镜子翻起时完全透射到芯片上,没有既有反射又有透射的中间状态。索尼的设计使影像既不全反射,也不全透射,而是部分反射、部分透射,使单反相机的性能上了一个台阶。

以前的单反相机内镜子的设计体现的是"非黑即白"的思路,影像不是全反射,就是全透射。而索尼的新设计则体现了一种"灰色"思路,影像有透射,也有反射。这个新设计终于让单反相机内翻动的镜子走入了历史。

尽量避免"非黑即白"的思维习惯是有益处的。因为在"黑色"和"白色"之间,往往还可以存在许多不同层次的"灰色"。这个思路常常能为工作提供比"非黑即白"思路多得多的选项。

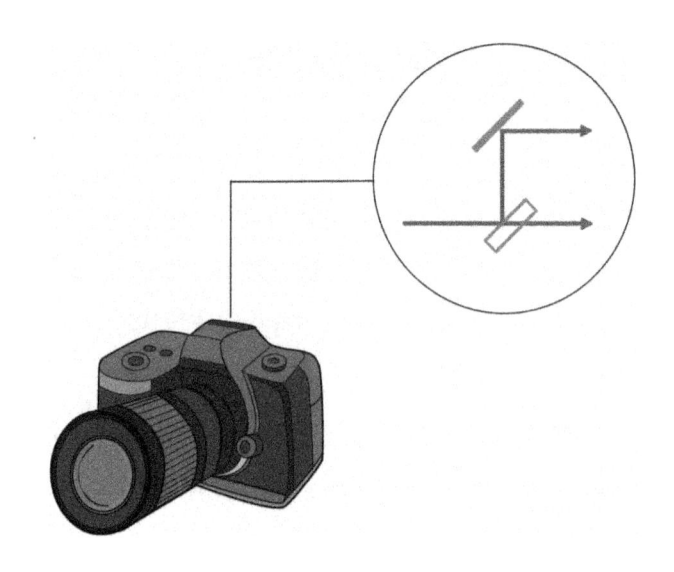

第 14 讲

绳断机停

请坐电梯，绝对安全

我们现在使用的升降电梯，是美国人伊莱沙·格雷夫斯·奥的斯发明的。奥的斯1811年出生于美国佛蒙特州，是一位自学成才的工匠。那时，电梯不叫电梯，叫升降平台。升降平台按规定只允许用于运货，不能载人，因为如果载人，万一吊着平台的缆绳松脱或断裂，平台上的人就会有生命危险。

奥的斯觉得升降平台不能载人挺可惜的，就开始琢磨怎样才能让升降平台变得十分安全。他注意到，由于缆绳是平台唯一的安全保障，所以只要缆绳一断，平台自然就会快速下坠。于是他就想，要是没有缆绳吊着，平台也不会下坠的话，那么无论缆绳松脱还是断裂，乘客就不再有受伤害的风险。

不过，这种缆绳断了也不会下坠的平台又怎样实现在正常情况下自由地上下运动呢？为了解决这个问题，奥的斯在平台两边的升降槽里各安装了一条带齿的轨道，并在平台的顶部装了一对插销。在缆绳没有受力的时候，插销在弹簧的作用下，会自动插入轨道的齿缝中，把平台锁在当下的位置。只有当平台被吊起，缆绳绷紧，平台的重量都落在缆绳上的时候，插销才会被缆绳从齿缝中拉出，使平台恢复自由地在升降槽内上下滑动的能力。有了这个设计，在任何情况下，平台都不会由于缆绳出问题而自由下落了。

  奥的斯在1853年成立了奥的斯电梯公司，专门生产采用了上述设计的安全电梯。为了推销产品，他参加了1854年的纽约博览会，在博览会上，奥的斯亲自演示了电梯完美的安全性能。只见他站在三层楼高的电梯平台上，让助手用斧子一刀砍断了吊着平台的缆绳。在人们惊讶的眼神注视下，平台只下降了一两英寸就停住了，奥的斯则安然无恙。围观的人群都被这场面震撼了，从此，奥的斯的事业走上了坦途。直到如今，奥的斯公司还保持着全球电梯产业龙头老大的地位。

  对升降平台，人们最担心的就是万一缆绳断裂造成平台坠落的问题。奥的斯针对人们的担心，研究出了几乎完美的保险机构，使平台的安全有了保障。他从根本上消除了人们对乘坐升降平台的顾虑，把过去只能运货的平台变成了以载人为主的安全电梯。

  面对问题，找出人们最在意的部分，对症下药，这也许是从根本上解决这个问题的最有效途径。

第 15 讲

万里相拥

天涯咫尺不是梦

　　人与人的远程物理交流一直是人们的希望。可是，长久以来，这只能是一个在现实中无法实现的梦想。设想一下，要是两个相距遥远的人想要给对方一个拥抱，除了做梦，还能有别的办法吗？

　　不过，科技的发展改变了这个情况。英国的可爱电路公司在 2008 年推出了一款称为"抱抱装"的高科技服装。两个穿上这款衣服的人，无论他们相隔多远，都能真切地感受到对方的拥抱。这是因为衣服内安装了一系列的传感器和执行器，传感器会把一个人的姿态、体温和心跳转换成数据，通过手机网络传递给远处的另一件衣服。而另一件衣服里的执行器则能根据收到的数据，重建这些物理特性，让穿衣服的人感受到对方的体温和拥抱的力度。这款"抱抱装"的出现终于打破了自古以来人们无法和远方的亲朋好友发生亲密互动的限制，两个相隔万里的人就可以穿着这款衣服互相拥抱，基本上实现了人们进行远程物理交流的梦想。

　　可爱电路公司的研发人员注意到，随着无线通信技术和物联网技术的迅速发展，实时检测、传递，以及重建身体的物理状态已变得可能。因此，他们及时地利用了这些新技术，开发出了"抱抱装"这个神奇的产品。

新技术是最常见的新生事物之一。在科学技术日新月异的今天，可以说每天都会出现新的技术。因此，关注新技术，及时应用新技术，就有机会使过去做起来很难的事情变得容易，使过去做不到的事情变成现实。

第 16 讲

点火成图

画纸火药巧结合

有史以来各种作画的方法数不胜数，比如，可以用铅笔、水彩笔、油画笔、毛笔等在纸上作画，也可以用刀具在木头、石头、象牙等材料上刻画，还可以用贝壳、卵石、琉璃等粘贴拼画。

既然有了那么多作画的方法，还值得动脑筋去探索新的作画途径吗？对于这个问题，不同的人会有不同的回答。而对于中国艺术家蔡国强来说，必然是个肯定的回答。

蔡国强在多年前就开始尝试一种新的作画方法：用火药作画。他在创作时，把厚厚的画纸平摊在地上，按画面的构思在画纸上撒上火药。然后，把火药点着。迅速燃烧的火药会在纸的表面留下烧焦的印记，当扫净火药的灰烬以后，这些黑色的印记就构成了一幅图案。他曾用这个方法创作过一幅几层楼高的作品"榕树"。因为火药燃烧得很快，从点火到图案形成，总共用了不到五秒钟的时间。作品上的榕树栩栩如生，显得枝繁叶茂，历经沧桑。蔡国强的火药画现在名气很大，纽约大都会博物馆曾请他去举办个人展览。

在前人已经创造出无数绘画方法的情况下，本着"一定还会有新方法"的坚定信念，蔡国强找到了这个与众不同的作画新途径。

具有创新思维的人大都相信，要实现某个目标，无论目前已经存在多少种不同的办法，只要肯动脑筋，肯定还能找到新的甚至更好的办法。

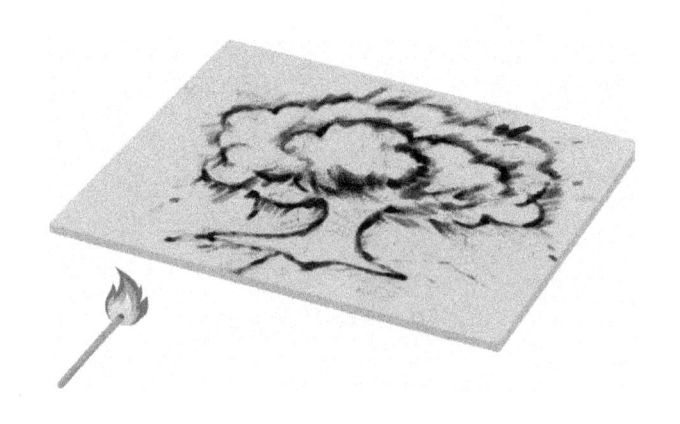

第17讲

长短相辅

误差太大怎么办

　　2000年前后的那段时间,正是光通信技术蓬勃发展的时期。当时,美国得克萨斯州达拉斯市北面的小镇理查森,成了通信行业的光谷,许多人毫不犹豫地辞去了大公司的工作,加入了雨后春笋般冒出来的初创公司,去追求自己的梦想。

　　在当地众多的初创公司中,有家专门生产一种分光器件的公司。这个器件的光路主要由两块晶体组成,暂且把它们称为A晶体和B晶体,每块晶体的厚度大约为一厘米,光束按顺序先后通过这两块晶体,从而实现分光。根据设计要求,晶体的厚度必须十分精准,其误差需要严格控制在一个很小的范围之内,否则器件无法达到性能指标。

　　正当这个产品快要进入生产阶段的时候,有人发现,晶体供应商提供的原料,其厚度的精度比设计要求差了数百倍。也就是说,设计要求晶体的厚度整齐划一,但实际上收到的晶体却厚薄不一,而把这些晶体投入试生产以后,发现问题非常严重。生产人员只能从大量晶体中挑选出极少数合格的晶体做成产品，其余的晶体一无用处。因为这个问题，生产根本无法正常进行，客户的订单也将无法按期交货。公司创办人非常着急，在无人能解决这个问题的情况下，创办人请来了一位光学专家，请他帮忙想想办法。

专家了解情况以后，马上提出了一个十分巧妙的方案。他建议把每块晶体的厚度实际测量一下，然后让 A 晶体和 B 晶体配对使用。具体做法是，如果一块 A 晶体偏厚，那么就找一块偏薄的 B 晶体来配对，使两块晶体加起来的总厚度符合设计要求。大家听了这个建议，豁然开朗，马上把它付诸实施。产品终于可以如期投入生产了。

这个解决方案，完全来自专家对"误差"这个概念所包含的统计意义的深刻理解。当人们说晶体厚度的误差很大时，并不是说晶体的厚度一定和设计要求相差很远，而是说厚度有比较宽的分布。认识到这一点以后，专家自然就会想到把偏厚的晶体和偏薄的晶体进行配对来解决这个问题。要是专家没有一下子抓住精度的统计本质，怎能轻松地化解公司整个工程师团队都束手无策的难题呢？

统计规律是非常有用的特性，要是能主动去关注各种事物的统计规律，就能在需要时利用它来为创新服务。

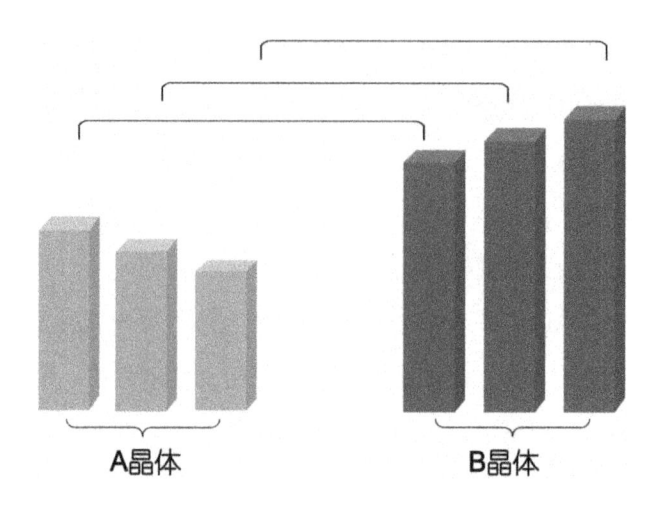

第 18 讲

此林非林

吹捧他人却不失风范

　　林语堂是中国近代的文学家和语言学家，曾经得到过两次诺贝尔文学奖提名。这里讲一则他旅居纽约时发生的小故事。

　　一次，纽约某林氏宗亲团体召开大会，特邀林语堂当嘉宾，在会上发表演讲。在林语堂登台之前，大会主持人特意给他打招呼，请他在演讲中务必多多宣扬林姓先人的光辉事迹，好让族人们脸上有光。虽然主持人的这个要求并不过分，林语堂却感到有些为难，因为他觉得，在演讲中大肆褒扬同姓的先人，恐怕有失自己的学者风范。但是，他又不愿意驳了主持人的面子，该怎么办呢？

　　还好，林语堂是个思路特别活跃的人，他很快就有了对付这个突兀要求的策略。演讲开始后，他确实提到了不少林姓名人的事迹，如林冲夜奔、林黛玉葬花、林肯解放黑奴、航空先驱林白独自驾驶飞机飞越太平洋等。台下的观众听了林语堂的演讲觉得很受用，但心里总有那么一丝丝哪里不太对劲的感觉。原来，林语堂提到的这些名人，虽然他们的名字都以

"林"字开头,但肯定都不是林姓的族亲!

为了满足主持人的要求,林语堂跟主持人开了个善意的玩笑。他没有把注意力放在真正的林姓先人上面,而是放在了名字里有个"林"字、但肯定不属于林姓先人的人物上面。这些人物,要么是虚构的角色,要么就是译名里正好有个"林"字的外国人,而对这些"林"姓人物,林语堂无论怎么夸奖,也不会沾上帮同姓本家大肆吹嘘的嫌疑。

"林姓先人"本来有十分明确的范围,但林语堂在思考时却没有受到这个范围的限制。他扩大了这个范围,把原本在范围以外的"林"姓人物也包括了进来,使他的演讲得到了两全其美的结果。

尽量想办法扩大某个既定的范围,有意把处于范围以外的元素也包括进来,对克服困难常有意想不到的帮助。

第19讲

天才相助

邀请牛顿来帮忙

2009年，由荷兰游戏设计师占克·可里萨洛设计的手机游戏《愤怒的小鸟》突然流行起来。游戏的主角是一群色彩斑斓的小鸟和一群憨态可掬的小猪，因为这些小猪偷了小鸟们下的蛋，并且把偷来的鸟蛋藏在了猪圈里，引起了小鸟们的愤怒，它们想砸破猪圈，消灭小猪，夺回鸟蛋。在玩这个游戏的时候，玩家用触摸屏上的一把弹弓，把小鸟当作石子弹射出去。玩家攻击的目标就是小猪的藏身之处，目的就是击垮猪圈，压死小猪。小鸟被皮筋弹射出去以后的飞行轨迹，完全遵从牛顿的力学定律，因此，玩家设置的弹射初始角度和皮筋的拉伸长度，就决定了"小鸟飞弹"攻击猪圈的效果。

这个游戏十分好玩，很快风靡了全球，人们玩得乐此不疲。到2014年年底，已经有二十亿人次从网上下载了这个游戏。人们称《愤怒的小鸟》是有史以来最成功的游戏之一。

开发这个游戏主要利用了两个要素：一个是21世纪才出现的触摸屏技

术，另一个是产生于 17 世纪的牛顿定律。可里萨洛所做的无非就是把两者拼合起来。

触摸屏技术和牛顿定律原是八竿子都打不着的两个事物，但是，当可里萨洛有目的地把这两个相隔三百多年的事物糅在一起以后，奇迹就发生了。

把两个本来毫不相干的事物组合到一起，常能产生有意义的新事物，这是爱创新的人们经常玩的戏码。这个世界上互不相干的事物实在是太多了，因此，组合起来产生新玩意儿的机会也是无穷无尽的。

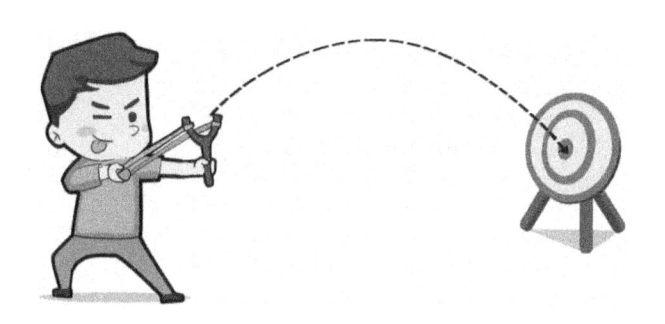

第 20 讲

墨迹无痕

水笔写的也能擦除

大家都知道,铅笔在纸上写的字很容易用橡皮擦掉,而墨水笔写的字则无法用橡皮擦除。这是因为铅笔的笔迹只存在于纸的表面,而墨水笔的笔迹会渗透到纸的内部,橡皮在纸的表面摩擦主要是一种机械作用,机械作用能除去表面的痕迹,但对深入纸内的痕迹则无能为力。

不过,日本三菱制笔公司的工程师喜欢钻牛角尖,非要造出能够像铅笔那样,写出的字迹可以用橡皮擦除的墨水笔。可是,橡皮的摩擦好像只对纸表面的痕迹有用,怎样才能让橡皮对纸内的痕迹也起作用呢?显然,工程师们必须另辟蹊径。

其实,橡皮在纸面摩擦,不仅产生机械作用,还产生热作用。纸上被摩擦的部分,温度会升高不少。而且,这个升温作用不只停留在纸的表面,也会透入纸内。因此,可以考虑改用热作用来除去笔迹。为了达到这个目的,这些工程师开发了一种特殊的墨水,这种墨水在遇到高温时,就会变得无色透明。因此,用这种墨水写的字,当用橡皮摩擦纸面温度升高时，笔迹就会逐渐消失。

　　对橡皮在纸面摩擦所产生的作用，三菱制笔的工程师不仅想到了机械作用这个维度，也想到了热作用这个维度，从而成功开发出了笔迹也能用橡皮擦除的墨水笔。

　　无论是几何的狭义维度还是代表事物特性的广义维度，如果能在创新活动中尽量多考虑一些维度，就会想到更多的方案。

第 21 讲

原子搬迁

隔空传物零的突破

很久以来，不用任何运输工具，把物体从一个地方迅速传送到另一个地方，一直是人类的梦想。在电视剧《星际迷航》中，宇航员站在远程传送器上，口中喊一声："斯科蒂，让我出发！"传送器就迅速把他变成一个能量包，并以超光速把能量包传送到遥远的目的地。目的地的能量接收器收到能量包以后，再把它变回宇航员的原形，就这样，宇航员完成了一次超长距离的高速旅行。不过，这样的奇迹只是科幻电影中的虚构故事，在现实中从来没有发生过。物体的隔空传递不仅现在不可能，就是在可预见的将来，绝大多数专家相信，也是非常非常困难的。面对这样的现实，目前在这个领域就没有什么创新工作可以做了吗？

美国马里兰大学的克里斯托弗·门罗教授就不信隔空传物完全不可实现，他决定开展一项实验，来展示这个现象。虽然几乎没人相信隔空传物的研究在近期之内会取得什么进展，门罗教授仍然愿意付出努力，看能不能得到有意思的结果。2009 年，他的研究团队宣布，他们在世界上首次实现了隔空传物。这是怎么回事呢？当然，门罗团队不可能把一个大活人隔空传递许多光年，他们的工作是在实验室里采用量子技术，把一个原子隔空传递了一米的距离。尽管在这个实验中所传递的物质是如此之小，而且传递的距离又是如此之短，但这的的确确是一次物质的隔空传递。门罗团队代表人类终于走出了隔空传物的第一步，虽然这一步非常非常微小，但是同行对门罗团队的工作都给予了高度的肯定。

门罗教授深知实现有用的隔空传物还遥遥无期，但这并不妨碍他去考虑如何在当下从微小处做起，哪怕只能实现传递一个小小的原子，也是对隔空传物研究领域的贡献。

当人们想要实现一个目标时，如果这个目标实在太大，一时没有办法实现，还是有路可走的。也许可以考虑去实现这个大目标的一小部分，哪怕是极其微小的一部分。这样的话，无论当前的小目标如何微不足道，它的实现对终极目标来说也算是添了一块砖，加了一片瓦。

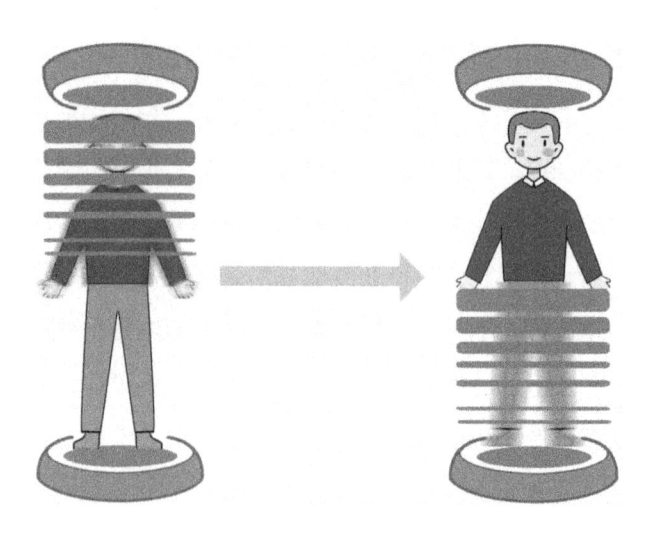

第 22 讲

万能厨具

多功能电锅的诞生

2008年，全球爆发金融危机，在加拿大一家网络公司工作的华裔软件工程师罗伯特·王失去了工作。不过，塞翁失马、焉知非福，这次失业正好给罗伯特提供了一个自己创业的机会。那么，他打算选择什么作为创业目标呢？

苦思冥想一段时间以后，罗伯特终于打定主意，要给社会带来一次厨房革命。罗伯特拿出自己的积蓄，请了两名工程师，努力了18个月，终于开发出一款新型的厨房电器，我们可称其为"万能电锅"。这款电锅集齐了各种锅的功能，它既是电饭锅，也是炒锅、蒸锅、慢锅和压力锅。除此之外，它还是能做酸奶和酒酿的保温锅。由于锅内安装了许多传感器，在使用时锅内的温度和压力被控制得十分精准，用这款万能电锅烧菜煮饭既方便又快捷。而且，和常见的锅相比，它还有许多优点，如在作为压力锅使用时，锅内的压力是恒定的，因此，它不会像传统压力锅那样不断"呲呲"地往外冒气。

2013年，罗伯特给他研发出来的万能电锅取了个吸引眼球的品牌名称"倏釜"，并迅速把它推向市场。万能电锅一上市就受到了消费者的热烈欢迎，被很多人称为"有史以来最棒的厨房电器"。现在，这个电锅在北美非常风行，每到购物旺季，还常常出现脱销的现象。

罗伯特的故事很有意思，他所做的无非就是把各种锅的功能组合到一起。坦率地说，把这些功能都放在一口锅上，是比较容易想到的创新思路，但是，在这方面为什么罗伯特这个外行想到并做到了，而电锅行业的开发人员却没有去做呢？其中的道理值得人们深思。万能电锅的问世至少说明罗伯特在思考概念组合方面具有高度的主动性。

把不同的事物组合起来产生一个新事物，看上去简单，其实也不尽然。首先需要主动往这方面去想，如果不主动去想，那么再简单的组合也不会自动出现。

第 23 讲

钩小功高

剃须刀内有乾坤

在全球电动剃须刀市场上,荷兰皇家飞利浦公司的产品始终占据着龙头老大的地位。用飞利浦电动剃须刀剃须后,皮肤会显得特别光洁。

这么好的剃须效果应主要归功于飞利浦的一个专利,这个专利大幅度提高了刀片剃须的效果。众所周知,任何电动剃须刀的刀头内都有许多快速旋转的刀片。普通的电动剃须刀剃须时,刀片会沿着皮肤表面把须发切断,留下的须根与皮肤表面几乎是一样平的。而飞利浦剃须刀的刀头内,每片刀片的前端加了个特制的小钩,这个小钩的作用就是在刀片即将切到须发的前一刻,把须发从皮肤里钩起来一点。在刀片切到须发时,须发正处于被提起的状态,因此,须发切断的位置更靠近须根。在须发被切断以后,由于小钩往上提起须发的作用消失,留下的须根就会自动缩回到皮肤表面以下,而不是暴露在皮肤表面,因此,剃须的效果就特别好。

飞利浦公司的工程师在设计剃须刀时多了一个心眼,想到让须发的高度在剃须过程中由静态变成动态,从而让刀片有机会把须发切得更深。很可能就是由于他们实施了这个想法，并用专利保护了这项发明，飞利浦电动剃须刀才得以在市场上独占鳌头。

　　将惯常处于静态的事物变为不断变动的事物，会明显改变这个事物的状态，产生新的机会。有时，这样的改变会带来神奇的效果。

第 24 讲

盐湖作纸

这张便笺有点大

韩国的现代汽车最近在北美卖得不错。当年,现代汽车计划打入北美市场时动了不少脑筋,就是打个广告,也会尽量追求别出心裁的效果。

2015 年,家住得克萨斯州休斯敦的 13 岁女孩斯蒂芬特别想念爸爸,因为她已经有好久没有见到他了。斯蒂芬想找一个特殊的方式来表达对爸爸的思念,因为她一时半会儿还很难见到他。原来,斯蒂芬的父亲是一名宇航员,长期在国际空间站工作。

现代汽车公司北美分部的市场部门了解到这个情况以后,就策划了一个奇特的广告方案。市场部的工作人员请斯蒂芬在一张便笺上写下给爸爸的一句话,并对她的字迹进行了扫描并存进了电脑。随后,现代汽车公司在荒凉的犹他州选了一处干涸而平整的湖床,调集了 11 辆现代卡车,配上卫星定位,让这些卡车严格地按照电脑中斯蒂芬的字迹数据在湖床上并排行驶。

结果,这些卡车在湖床的泥沙上留下了巨大的辙痕,这些辙痕组成了一句硕大无朋的问候语"斯蒂芬爱您!"这个句子整整占了约五百万平方米的面积。当国际空间站飞过犹他州上空时,斯蒂芬的父亲透过空间站的窗口,清楚地看到了女儿给他的问候,心情十分激动。新闻媒体广泛报道了这个事件,给现代汽车公司带来了巨大的广告效应。

在这个广告设计中,斯蒂芬原来写的便笺充其量也就十几平方厘米见方,而策划人员把便笺的尺寸一下子扩大到了几百万平方米大小,在尺度上实现了数万倍的扩展。这个操作使一个女儿对父亲的普通问候变成了极具新闻价值的事件。

在考虑把一个尺度扩大时,不必拘泥于只考虑把它扩大某个百分比,而完全可以考虑把它扩大几倍、几十倍乃至成千上万倍的可能性。考虑缩小尺度的情况亦是同理。尽量拓展扩大或缩小的比例范围,就会增加创造不凡效应的机会。

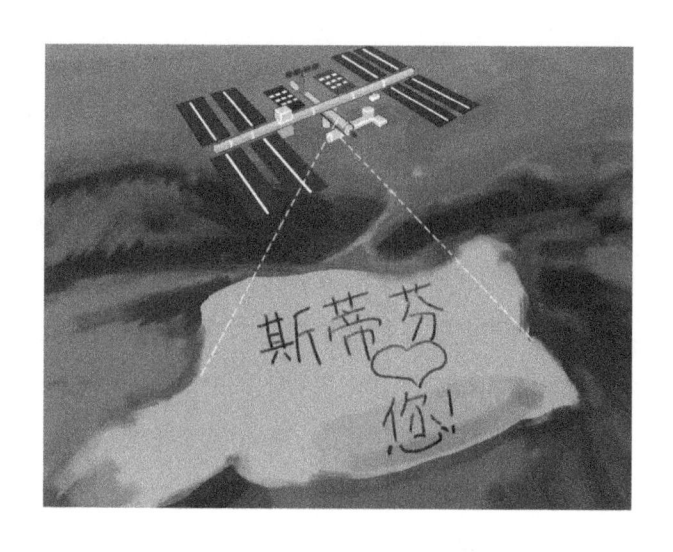

第 25 讲

复印多次

可重新使用的纸张

大家都知道，复印机每次复印文件用的都是新纸，没人会用已经用过的纸再来复印文件。

不过，纸质文件的使命近来发生了很大的变化。过去复印文件很重要的一个目的是为了长期保存这个文件，而现在复印文件大多是为了临时用途，比如编辑稿件、审阅批文、开会传阅等。因为很多人还是喜欢有文件拿在手里的感觉，因此纸质文件仍有一定的市场。至于长期保存文件的功能，已经转而由电子媒介和电子云来代劳了。

既然纸质文件今后主要是临时用途，也就是说大多数复印文件没过多久就会变成废纸，那么，复印在某种意义上就显得有些浪费。要是有一种纸，其上面的复印内容过一段时间会自动消失，那么它不就可以被拿来重新使用以减少浪费现象了吗？

美国施乐公司的布林达·达拉和保罗·史密斯正是这么想的。前些年他俩联起手来，开始研发可重复使用的纸张。经过三年多的努力，他们的团队终于开发出了一种特殊的纸张和一个为这种纸张服务的装置。这种纸的表面有一种涂层，在这个装置发出的激光作用下，涂层会发生光化学反应，显示出印迹。但这个印迹不是永久的，涂层的特性会在24小时内恢复原状，到时，印迹就自动消失了。普通的复印机加上这个装置以后，复印时就可使用这种新型纸张。有了这个技术，很多使用时效较短的文件就都可以用这样的纸来复印了。由于其具有可重复使用的优点，施乐出品的这种复印纸对环保的贡献是不言而喻的。

达拉和史密斯的思维显然没有被传统复印纸从来只用一次的现象所束缚，大胆去研究可多次重复使用的纸张，最终取得了成功。

对于通常只发生一次的事情，不必认定它只能发生一次，而完全可以去探讨让它发生多次的可能性。在这样的探讨中，新技术或新产品的雏形也许就会在头脑中显现出来。

第 26 讲

效仿皮影

台上谁学谁

2006年春晚,唐山老年舞蹈队贡献的节目《俏夕阳》几乎成了这届春晚最耀眼的亮点。那些上了年纪的舞蹈演员,模仿着皮影戏里人物笨拙的动作,显得有趣而滑稽,她们的舞蹈给观众带来了十分新鲜的视觉享受。

不知大家想过没有,为什么这个由老年人演出的舞蹈会受到观众如此热情的追捧?这恐怕要归功于《俏夕阳》的舞蹈编辑范锦才,是他把皮影戏改编成了真人舞蹈。他的秘诀就是在人物造型、服装设计、音乐和动作的编排上都让舞蹈演员尽量表现出皮影戏人物的特征。这是一个很有意义的尝试,显然,范锦才获得了成功。

范锦才在创作这个舞蹈时是怎样想的呢?不妨来猜一猜。在传统皮影戏的表演中,人物道具的制作比较简陋,但表演皮影戏的民间艺人会让他们控制的皮影人物尽量模仿真人的动作,即使做不到像真人那样灵活。范锦才也许在想,既然如此,为什么不能反过来,让真人来模仿皮影戏人物的动作呢?由于还没有人这么尝试过,这样的模仿一定会让观众感到新奇。这么一琢磨，舞蹈《俏夕阳》的基本构思可能就产生了，再经过他和团队反复打磨，《俏夕阳》终于成了一个新的舞蹈经典。

要是范锦才没有主动把反向思维具体落实到创作这个节目的过程中去，让舞蹈演员反过来去模仿道具人物的动作，那么很难想象，全国观众是否有机会欣赏到《俏夕阳》这个优秀的舞蹈节目。

反向思考是开展创新活动最常用的技巧之一，不过，只有把反向思考具体化，才能得到有实质内容的结果。此外，主动去研究和通常见到的相反的做法，对发现优秀的新方案也十分重要。

第 27 讲

天体作礼

无价的馈赠

意大利科学家伽利略早年在佛罗伦萨做科学研究时，穷困失意，他不仅缺少研究经费，甚至连基本的生活都没有保障。因此，他下决心要改变自己的现状。

1610 年，他在观察天体运行的过程中，发现了木星的四颗卫星，于是他灵机一动，把这四颗卫星作为尊贵的"礼物"献给了当时统治佛罗伦萨的美第奇大公。他说这些卫星代表了美第奇大公的家族成员，因为美第奇家族的象征就是木星之神朱庇特。伽利略解释说，这四颗卫星就像美第奇大公和他的三个弟弟，这些卫星和美第奇大公兄弟四人在同一个时代出现，代表了宇宙正在向美第奇家族致敬。

美第奇大公十分愉快地接受了伽利略送给他的这份"礼物"，并认识到了研究天文科学的重要性。不久之后，他就任命伽利略担任宫廷的专职科学家。从此以后，伽利略就再也不用为研究经费发愁了，生活也得到了可观的改善。

伽利略把木星的四个卫星送给美第奇大公是一个奇招。他送这么贵重的"礼物",自己有花过一分钱吗?没有。这四颗卫星对伽利略来说只是一项科学发现,他不过是借花献佛,用作礼物来逗人开心而已。伽利略凭借这一招,不仅改善了自己的生活,更重要的是,保证了他的科学研究工作能够顺利进行。

积极利用各种现成的资源为有意义的目标服务,也是创新工作的重头戏之一。只要愿意观察,现成的资源可以说比比皆是。

第28讲

无袜更佳

去掉半截感觉好

家住美国佛罗里达州的莎拉·布莱克利女士年轻时是一位销售培训员,她的工作需要她每天穿着尼龙连裤袜上班,以符合正规职业着装的要求。可是,在天气闷热的佛罗里达,整天穿着尼龙连裤袜是很难受的,莎拉就想,怎么可以让自己舒服一点呢?

有一天,她头脑中突然灵光一现:把连裤袜的袜子部分去掉,不就通气了吗?于是,她自己动手,裁掉了连裤袜的袜子,使它变成了"无袜尼龙裤"。她穿上这世界上第一条无袜尼龙裤以后,果然感觉舒服多了。

对于这条没有袜子的连裤袜,莎拉觉得应该算是个小发明,于是就为它申请了专利,指望着进一步把它做成产品。可没想到,她在寻找厂家为她生产无袜尼龙裤时却连连碰壁,碰到的企业主都嘲讽她说,把连裤袜的袜子去掉算什么发明?但她没有放弃。还好,后来终于有个业主说愿意试试,主要是因为他三个女儿都说莎拉的主意很棒。这一试不得了,无袜尼龙裤很受女性的喜爱,于是,无袜尼龙裤成为一个正式产品,莎拉把它取名为"塑身裤"。从那时起,塑身裤开始走进千家万户。现在,哪位都市女性的衣柜里要是没有几条塑身裤,就好像缺了点什么。毫无疑问,莎拉的事业获得了巨大的成功,2012年,她被美国《时代》杂志选为世界百位最有影响力的人物之一。

　　细细想来,莎拉所做的无非就是把去了袜子的半条连裤袜当作了一个完整的新产品来推广而已,只是大家没想到她的努力会结出这么大的果实。

　　把某个物体的一部分当作一个完整的物体看待,也是一种创新思路,有时会产生神奇的效果。

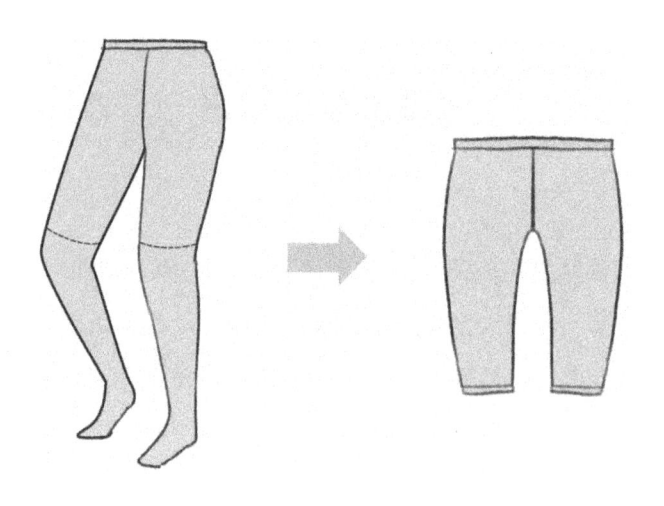

第 29 讲

言终人散

为何听众不见了

1944 年的美国总统选举有两位候选人：民主党的罗斯福与共和党的杜威，从民意调查上看，两人的支持度不相上下，选情处于胶着状态。11 月 6 日是投票的前一天，选举委员会允许两人做最后的努力，在傍晚对全国选民各作一次 1 小时的广播演说，为自己拉票。根据抽签，罗斯福的演讲排在 10 点，杜威的演讲排在 11 点。

一般来说，排在前面演讲的人会比较吃亏，因为排在后面演讲的人会有机会批驳前一个演讲者的观点，而排在前面的人却没有这样的机会。而且，一般来说，听众更容易记得后一位演讲者所说的内容，因为人们对更近发生的事印象会更深。面对这个不利的广播时间安排，罗斯福会怎么做呢？

罗斯福想到一个独具匠心的绝招。他把演讲的时间有意压缩到 47 分钟，留下 13 分钟的空白，对这段空隙，他用节奏很慢的古典音乐来充填。结果，全国听众听完他的演讲以后，由于没有马上听到杜威的演讲，而是听到了慢悠悠的风琴声,就以为可能是电台出了故障,演讲受到了影响。一分钟,两分钟,三分钟……听众的耐心在不断消耗。很多人觉得电台不知何时才能恢复正常播音,身体又因为听了这舒缓的音乐而越来越困,于是干脆关了收音机,上床睡觉去了。据记者第二天统计,那天晚上坚持收听杜威演讲的听众人数,完全可以用"惨不忍睹"来形容,不用怀疑,杜威的演讲被罗斯福这么一搅和,效果肯定好不了。果然,罗斯福在选举中成功击败了杜威,赢得了他的第四个任期。

罗斯福没有把分给他的 1 小时都用在演讲上,而是有目的地把这个时间分成了"讲"和"不讲"两个阶段,并在"不讲"的阶段给听众猛灌催眠汤,从而使对手杜威流失了大量听众。

把通常单一的过程有意分解成两个或数个不同阶段,并且在每个阶段采取对那个阶段最合适的做法,是创新活动中常常会用到的一个技巧。

第30讲

废料自封

让它自己锁住自己

核废料的处理一直是个令人头痛的问题。核废料有强烈的放射性，对人类居住的环境非常有害，目前的做法是把它运到人迹罕至的大山深处，封存在挖得很深的山洞里。不过，这样的封存办法不是绝对安全的，随着地质环境的变化，封存的核废料还是有可能在数万年以后造成新的环境问题。因此，科学工作者一直在寻找更好的核废料处理办法。

英国科学家弗格斯·吉布于2003年提出了一个处理核废料的新思路。他提议利用核废料在衰变过程中产生的热量，让它把自己封闭在花岗岩的深处，以绝后患。具体的做法是：在稳定的花岗岩岩体上钻深达五千米的岩洞，然后把核废料放入洞中。核废料产生的热量会使它周围的岩石融化，把核废料包裹起来，等到废料的能量耗尽，岩石就会冷却，把废料固定在岩石之中。经计算，用这个办法，核废料的储存安全期可以提高到十亿年左右，基本上等于一劳永逸。这个研究结果发表以后，受到了学术界和工业界的重视。

创/新/百/讲

　　吉布的主要贡献在于，他想到了核废料虽然会影响环境，那它也可以"影响"自己，也就是说，可以让它用自身的能力，把自己永久封闭起来，从而消除它对环境的伤害。吉布的这个想法给核废料处理指出了一条新路。

　　在考虑某个行为实施者的行为对象范围时，也可以把行为实施者本身包括进来。巧妙利用事物对自身的作用有时也能取得意想不到的效果。

第 31 讲

光纤问世

互联网用户都得感谢他

  目前全球互联网几十亿用户，都应该感谢已故的英国华裔科学家高锟，没有他的贡献，世界上是否会有互联网都难说，更不用提微信、抖音和微博了。互联网的信号如今都是通过石英光纤来传播的，但是在 50 多年前，世界上压根儿还没有石英光纤。

  20 世纪 60 年代，高锟在英国标准电信实验室做研究工作，探讨用光纤替代铜线来做通信媒介的可行性，因为光纤传输的数据容量要比铜线高得多。可在当时，光信号在光纤中传输的损耗太大，比如，光信号在光纤中走了一米的距离以后，它的能量就会损失 20%；走了十米以后，就会损失 90%；而走了百米以后，能量几乎已经全都损失，因此，光信号在光纤中走不远。当时很多通信专家认为，要用光纤把信号从一个城市传送到另一个城市，简直就是天方夜谭。

  可高锟仍然坚持他的光纤通信梦想，他把重点放在仔细分析产生损耗的根本原因上。功夫不负有心人，经过反复计算和实验，他最终弄清了光纤的损耗主要来自材料中的杂质。换句话说，只要制作光纤的材料足够纯净，光纤的损耗就会很小。他在当时发表的研究结果表明，光纤完全有可能成为长距离通信的媒介，光信号在光纤中走个几十公里应该没有问题。根据高锟的结论，康宁玻璃公司的研发人员于1967年用高纯度石英制成了第一批低损耗光纤，让光纤通信由梦想变成了现实，从那以后，全球的通信服务公司开始大量铺设包含几十根到几百根光纤的光缆。如今，四通八达的光纤网络早就成了全球互联网的基础设施。由于高锟对全球的光通信事业做出了巨大贡献，他常被称作"光通信之父"，并于2009年获得了诺贝尔物理学奖。

高锟在努力降低光纤损耗时，没有着眼于只降低损耗某个百分比，而是考虑如何把损耗一下子降低许多量级，虽然这个目标看上去有些过于激进。不过，也许正是因为他把目标定得如此之高，才使他取得了划时代的成果。

在寻找思路改进某个参数的量值时，其实不必总是采取循序渐进、一步一个脚印的策略，有时可以考虑直接跨进一大步的可能性。突破性的工作常常需要这类不同寻常的思路。

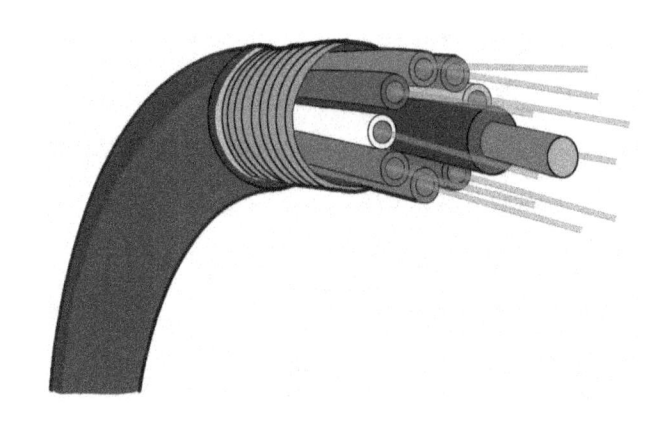

第 32 讲

影子引路

缺了卫星信号照样导航

卫星导航在高楼林立的大城市里效果比较差，这是因为摩天大楼常常会挡住卫星信号，形成卫星信号的阴影。在城市高楼的狭缝中行驶的车辆，如果处于卫星信号的阴影之中，导航仪就常常无法正常工作。

21 世纪初，斯坦福大学的毕业生曼利欧·阿莱格拉也看到了这个问题。他没有随大流，像其他人那样，认为卫星信号的阴影只是个有害的因素，经过思考，他看到了这些阴影有利的一面。

阴影的存在固然不利于卫星信号的接收，但是阴影本身也提供了额外的位置信息，这是由于阴影的形状及强度和街上大楼的形状和分布紧密相关。如果能够精确地测量阴影的特征，那么，在高楼林立的市区就可以转而用阴影来定位和导航。

于是阿莱格拉成立了一家创业公司，专门研发能在城市中利用卫星信号阴影来定位的仪器，作为卫星导航仪的补充。经过数年的努力，阿莱格拉的公司开发出了卫星信号阴影导航仪，实现了他的梦想。

阿莱格拉在看到高楼造成的卫星信号阴影以后，并没有把它当作完全负面的东西。而是从它可能具有正面意义这个角度来观察，发现它其实对定位和导航很有帮助，并据此发展了自己的事业。

乍一看负面的事物，不见得一定毫无用处。对这样的事物，可以仔细琢磨一下，找出其可能具有的正面价值。

第33讲

安全针筒

伤人的针头不再有

在北美的医院和诊所内，用过的注射器都会被收进锁着的回收箱里，以免针头意外伤人，可尽管如此，针尖扎伤医护人员的事故仍然时有发生。由于用过的针头沾有患者的体液，所以，这样的意外事故有可能产生严重的后果。

为了解决这个针尖伤人问题，萨哈兰·马赫卡，一位在伊利诺伊州行医的医生，发明了一种新型注射器。这种注射器的外形和常见的注射器差不多，只是在注射结束时，它会多做一个动作，由内置弹簧把针头拉进针筒之内。这样，由于用过的针头没有机会暴露在外面，医护人员就再也不会被它扎到了。

马赫卡在想办法解决这个针尖扎人的问题时，主要是注意到了在注射过程的前后，针筒内的情况发生了变化。在注射前，针筒内充满了注射液；而在注射完成以后，针筒就变空了，而变空了的针筒不是正好可以被用来存放针头吗？马赫卡这样想。后来他根据这个想法发明了安全针筒，解决了针头意外伤人的问题。

　　针筒内的情况在注射过程的前后发生变化是一件司空见惯的事，人们早已习以为常，而马赫卡医生显然对这个变化比别人琢磨得更多，因此就产生了在注射完成后把针头拉进空针筒内封存起来的灵感。

　　关注事物在某个过程中发生的变化也是激发创意思维的有效途径之一，特别是那些不起眼的变化，对它们的观察常常成为产生新主意的好机会。要是由于对变化熟视无睹而与有价值的解决问题方案擦肩而过，那就太可惜了。

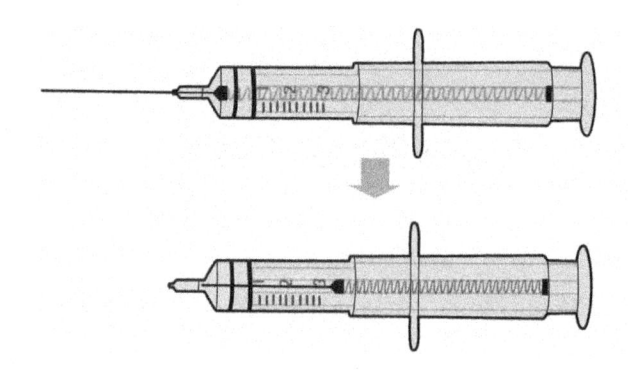

第 34 讲

涂鸦新品

被喷红漆又如何

　　2012年5月，巴黎的涂鸦艺术家基杜尔特把红色油漆灌在灭火器里，在某个深夜偷偷跑到时尚设计师马克·雅各布斯所开的服装专卖店门前，往大门上喷了一幅巨大的涂鸦。这幅涂鸦是个歪歪扭扭的英文词"艺术"，也就是"ART"，这三个字母几乎占据了专卖店的整个门脸。

　　雅各布斯第二天早上一来店里，就看到了面目全非的门面，面对如此恶劣的遭遇，他会怎么做呢？按常规的思路来想，他做的第一件事肯定是报警，让警察去抓基杜尔特；第二件事应该是叫手下的员工马上把涂鸦清理干净；第三件事就该是让律师出马起诉基杜尔特，叫他赔偿损失。可是，这三件事情雅各布斯一件都没做。他做的第一件事是给涂鸦拍照，第二件事是把照片放到推特上，告诉大家这是他今天创作的摄影作品。下面就是他做的第三件事情。

　　既然这是一张门面照片，不是照片中的涂鸦作品，而是店主人雅各布斯自己的摄影作品，雅各布斯当然有权拿这张照片来设计他的服装新品。

他设计了一款T恤，前面印上了这张照片，上面的涂鸦清清楚楚。因为是限量版，每件T恤标价高达686欧元。这款T恤一经推出，居然被猎奇的顾客抢购一空。雅各布斯聪明地把涂鸦当设计的故事，也迅速登上了各大媒体的版面，这一波报道有效地提高了雅各布斯品牌的知名度。估计基杜尔特当初怎么也不会想到，雅各布斯见了他的涂鸦竟然一点都不生气，而且还利用它赚了一票。

专卖店门面被人喷了涂鸦，自然不是值得庆贺的事情。但是雅各布斯却从独特的角度把这个事情琢磨了一遍，于是就产生了把它变成一件好事的行动方案。

对于令人讨厌的东西，也许不必马上对它表示嫌弃，而是动一动脑筋，看能不能把它变成一个讨人喜欢的东西。

第35讲

混合入场

奥运选手冰释前嫌

　　1956年的墨尔本奥运会气氛十分糟糕。当时正处于冷战的高峰期，从东西方阵营来的运动队之间敌对气氛十分严重，不少运动队甚至不允许自己的队员接触其他国家的运动员。在比赛中，持不同政治观点的运动员之间不时爆发冲突。为此，奥运会组委会的委员们都忧心忡忡，担心这届奥运会将以"失败的奥运会"被载入史册，可是，他们对于如何改善目前的情况又苦无良策。

　　就在奥运会闭幕式进行的两天前，当地十七岁的华裔学生约翰·温给组委会写了一封信，他在信中建议把闭幕式的入场方式改一下。以往的闭幕式，运动员的入场方式与开幕式时一样，按国家名称的顺序依次入场。而约翰的建议是，让各国运动员在闭幕式上不分国籍，一起入场，这样，各国运动员在奥林匹克的大旗下就组成了一个国际大家庭，突出了"和平"与"友谊"这个奥运主题。组委会接到来信以后，决定采纳信中的建议，马上调整闭幕式的安排。结果，这次奥运会的闭幕式第一次让所有国家的运动员混在一起，同时入场。运动员们终于消除了隔阂，互相交流，全场充满了欢乐友好的气氛。这个创新的闭幕式入场仪式使墨尔本奥运会最终以"友谊奥运会"的名声画下了句号。从那以后，运动员混合入场就成了各届奥运会闭幕式的规定仪式。国际奥委会于1992年授予约翰·温一枚特殊的奥运奖牌，以表彰他对奥运事业的贡献。2000年悉尼奥运会期间，当地政府把悉尼的一条街道命名为"约翰·温大街"。

1956年以前，奥运会闭幕式的入场仪式与开幕式的入场仪式一直是一样的，从来没有变过。约翰的思维没有受到奥运会固定入场形式的限制，而是敢于提出建议，把这个从来不变的形式变动一下。从结果看，他提议的这个变动是奥运发展史上的一大进步。

对于从来不变的事物，可以探讨把它变动一下的可能性。即使大多数这样的考虑不见得会有什么结果，但如果不这样去想，有些具有重要意义的变动就不会发生。

第 36 讲

人机起舞

一位艺者的双人秀

　　法国舞蹈家多米尼克·博伊文在 2005 年编了一个新舞蹈《非凡运输》。这是一出双人舞，在演出时，博伊文扮演男角；扮演女角的不是女演员，而是一台大型挖掘机。

　　在这段舞蹈中，男角和女角具有完全相反的特性：男角是人，而女角是机器；男角有柔软的身躯，而女角有刚硬的躯体；男角很轻，不到一百千克，而女角很重，至少五吨以上。然而，特性上的巨大差异并没有影响他们在表演中密切合作，反而增加了舞蹈的观赏性。在演出中，博伊文和挖掘机的动作十分协调，令观众感觉他们不像是一个人和一台机器的机械组合，而是一对演绎着经典爱情故事的情侣。博伊文与配合他演出的挖掘机司机通过他们精湛的技艺，使表演臻于完美。

　　这个舞蹈通常在空旷的室外场地演出，展示了人、机器、自然的和谐关系。《非凡运输》推出以后，吸引了无数的目光，世界许多城市都邀请博伊文和他的"舞伴"前去演出。2010 年，博伊文曾经到过成都，为当地观众表演了这个著名的舞蹈。

在编排这段舞蹈时，博伊文把两个尺度上、重量上和外貌上都有天壤之别的角色糅合到一起，创作了这个非常吸引人的舞蹈节目。

把两个在许多特性上存在巨大差异的事物组合起来，往往能产生引起关注的新事物。如果这个新事物具有一定的价值，那么这样的组合就是有意义的。

第 37 讲

色盲福音

交通信号有图案

没患色盲症的人们可能很少会想到,马路上随处可见的红绿交通灯对于色盲症患者来说其实是没有意义的。无论是汽车司机、摩托勇士、自行车手,还是路上行人,如果因为色盲而看不清交通灯的指示,就会产生道路安全风险。这不仅对色盲者本人不利,对路上的其他人也不利,然而长久以来,似乎没人认真想过如何去降低这方面风险的问题。

家住澳大利亚墨尔本的中学生玛德琳·龙注意到了这个道路安全问题,她想要找一个办法来帮助色盲症患者看清交通灯的信号。她开动脑筋,终于想到可以通过给现有的交通灯加个罩子来实现自己的目标。于是她自己动手,很快就做出了样品。她用金属片做成罩子,对不同颜色的交通灯在罩子上挖出不同的镂空图案。绿灯的镂空图案是个对勾、红灯的是个叉叉、而黄灯的是个对勾加叉叉。交通灯加了这三个罩子以后,色盲者就能够凭借灯罩透出来的图形来判断不同的信号,而其他的人则仍然可以根据颜色来分辨它们。玛德琳的这个发明很实用,按照她的办法,现有的交通灯系统不用更换，只要加几个罩子就行。玛德琳带着她的发明参加了2008年度的澳大利亚科学达人秀，取得了不错的名次。

为了解决这个交通灯问题，玛德琳想到了既用颜色也用形状来双管齐下，使所有人从此都能看清路上的交通信号。

要实现某个功能时，也许不必只限于一种办法，如有必要，可以采用两个或多个办法来同时实现它，使得功能服务的对象范围更广。

第38讲

打猎袖手

技不如人却赢了竞争

1846年,清朝的道光皇帝垂垂老矣,他急着要选太子,好让江山后继有人。当时,最有希望接班的候选人是第四子奕詝和第六子奕䜣,道光皇帝决定通过一场打猎活动来考察两位王子的能力,看谁更有资格继承皇位。

不过,就能力来说,弟弟奕䜣比哥哥奕詝要强多了。说到打猎,奕詝更不是奕䜣的对手。因此,当听说道光的打猎计划以后,两位王子的反应截然相反,奕䜣兴高采烈,奕詝却垂头丧气。为了对付这个躲不开的挑战,奕詝去求教自己的老师杜受田。杜受田分析了形势,让奕詝在打猎时如此这般,奕詝别无他法,只好按他老师的计策行事。

到了打猎那天,别人都积极参与,奋勇向前,尤其是奕䜣,更是一马当先,斩获颇丰。再看奕詝,懒懒散散,无精打采,根本就没有动手的打算。傍晚回到宫里,大家都炫耀自己打到的猎物,奕䜣更是收获满满,只有奕詝,竟然两手空空。道光看着他,不免露出鄙视的神情。不料,还没等道光责问，奕䜣就主动告诉父亲，自己并不是不会打猎，没有积极参与今天的活动实在是另有原因。那是因为自己十分不忍心伤害这些动物。由于其时正值春天，是动物繁育后代的季节，人们在这个时节是不应该去惊动它们的。道光听了奕䜣的辩解，连连责备自己想得不够周全，他赞扬奕䜣的仁爱之心，认为奕䜣说的才是帝王之言。不久之后，奕䜣果然就被立为太子，后来成了咸丰皇帝。

杜受田的聪明之处就在于他让奕䜣去质疑打猎选太子这个活动的出发点，证明这个活动的计划根本不恰当，从而全盘否定了这个活动的意义。结果，不会打猎的奕䜣倒成了这次打猎活动的最大赢家。

当某件事情正在顺利进行时，最好再去检查一下事情的出发点，看看是否合理。要是出发点不合理，那么无论这个事情进展得多么顺畅，其结果仍然可能是有问题的。

第 39 讲

病房醒悟

一张神奇的处方

中央电视台第四频道健康节目的主持人报道过一个真实的故事。记者的采访对象是一位已经康复的糖尿病患者，这位患者以前有二型糖尿病，并且病情已经比较严重。她有回去看医生，医生在询问了她的病情以后，除了给她开了治疗糖尿病的药，还专门另外给她开了一张"处方"。这张"处方"她以前从来没有见过，但正因为它，她的病后来才慢慢好了起来。为什么这张"处方"有这么大的魔力呢？

原来，这张"处方"上写的不是什么药剂，而是一句忠告。医生建议她去参观一下糖尿病晚期重症患者的病房。这位患者老老实实遵照医嘱，找了一家医院，去了解糖尿病重症患者的日常生活，在访问过程中，糖尿病晚期患者艰难的生存状态给了她极大的刺激。从医院回家以后，她下定决心无论如何也要避免自己落到同样的地步。从那以后，她严格遵照医嘱，坚持按时服药，同时每天散步两小时以上，一点儿也不敢马虎。不出两年，奇迹发生了，她的血糖居然恢复了正常。在采访中，她告诉记者，她是多么感谢这位医生，正是由于这张特殊的处方，给她带来了新的生活。

　　这位医生所做的就是，让他的患者直接看到这个病如果不加控制所带来的严重后果，从而激发起患者自觉配合医生治疗的毅力，以实现控制病情发展的目标。

　　常言道，耳听为虚，眼见为实。这个道理在技术高度发达的今天，仍然是有效的，因为，让人亲眼看到事实，依然是说服他人的最有效办法。

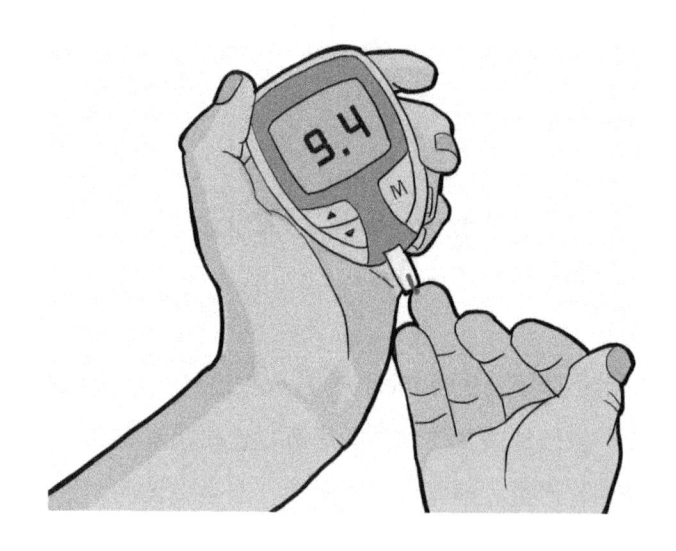

第 40 讲

代人送神

这个"脏活"谁来干

社交媒体平台上有各种各样的群,这些群基本上是由拥有相同兴趣爱好的成员组成的。这些成员或一起讨论某个共同感兴趣的话题,或一起玩大家都喜欢的游戏,凡此种种。每个群的群主通常会设立一些群规,希望群里所有的成员遵守,比如,尽量少发与群的主旨无关的议论,不在群里打广告,不张贴不健康的内容,等等。虽然多数群员会自觉遵守群规,但难免会有些害群之马。原则上,群主完全有权把不守群规的人从群里踢出去;但这事说起来容易,做起来难。群主和群员往往是现实生活中的朋友或熟人,如果群主对群员采取驱逐措施,很难保证在两者之间的关系上不留下阴影。所以,如何让所有群员遵守群规,又不伤大家的和气,始终是群主的一个难题。

麻省理工学院的毕业生比贾克·费尔波和桑杰·古鲁珀拉萨在 2018 年想出了一个解决上述难题的办法。他俩开发了一款应用程序,专门对付群里不守群规的成员。这款程序在人工智能的帮助下,会根据群的规则来监督每个成员在群里的活动，当某个成员的言行违反群规，超过了设定的阈值时，应用程序就会自动将该成员请出群去，而不用群主动手。有了这个应用程序以后，被驱逐的成员再也没有理由对群主心生怨恨，因为群主压根儿就没有参与剔除该成员的过程。

这个应用程序就是群主完美的替身。有了它，群主再也不需要自己动手去干把群员从群里踢出去的"脏活"了。

在需要完成某项任务时，自己动手自然有它的好处，但有时假手他人，可能比自己亲自动手效果更好。

第41讲

指纹复原

证据其实没消失

当罪案发生时,赶到现场的警察首先要做的事情之一就是搜寻罪犯可能留下的指纹,有了指纹,追捕罪犯就容易多了。可是,要是指纹已经被人用软布等材料擦除或者沾有指纹的器物已经被人清洗过,指纹就不见了。

事情果真如此吗?是,也不是。至少对有些情况来说,即使指纹被擦得干干净净,现在人们已经找到办法,照样可以让指纹现出原形。

英国北安普敦警察局的约翰·邦德博士,发现当金属表面留有指纹时,由于形成指纹的汗液含有盐分,在金属表面就会发生化学反应,生成金属盐,而金属盐的分布图形就和指纹的图形一模一样。当汗液被擦干净以后,已经在金属表面形成的金属盐是擦不掉的,只是肉眼看不见罢了。

邦德博士经过研究,发明了显示金属盐指纹图形的办法。把肉眼看不到指纹的样品放在强电场中,电荷就会按照金属盐的分布堆积起来。这时,撒上黑色的碳粉,依靠电荷的吸附作用,指纹就会显现出来。邦德博士的这个发明，已经帮助警察局破了许多陈年旧案，就连大西洋另一边的警察局也把可能含有陈旧指纹的罪证寄来，请他帮忙显影。可见，这个检测指纹的新方法很有用武之地。

指纹接触金属表面，就会使表面的性质发生变化，这是人们以前没有注意到的。否则的话，也轮不到邦德博士来发明这个让指纹现形的新方法了。

多关注那些不引人注意的变化对创新是有益处的。说不定在看到的某个变化以后，好的主意就会在头脑中油然而生。

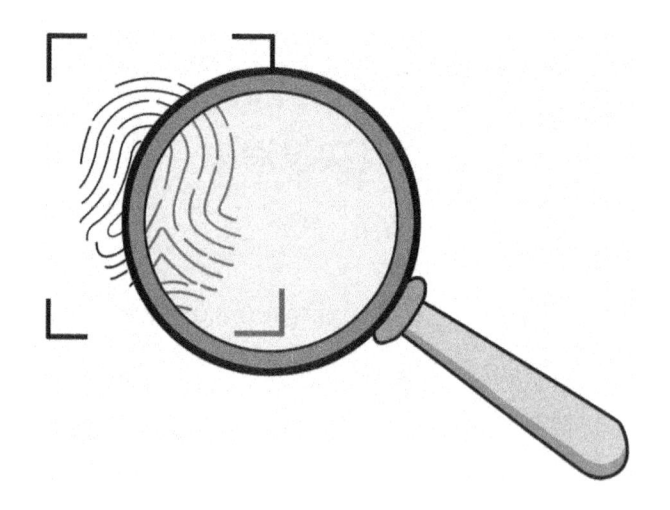

第 42 讲

起始标签

水果可以吃了吗

人们到超市买食品，都会注意上面所标的过期时间。过了这个日期，商家就不再保证食品的质量了，因此，这个标签对消费者很重要。如果想从这个标签出发，开展创新活动，产生一些创意出来，那该往哪个方向去想呢？

家住荷兰阿姆斯特丹的设计师阿加塔·贾沃斯卡就一直在琢磨这个问题。她想，既然有过期标签，为什么就没有"到期标签"呢？水果既然有过期不能吃的情况，那自然也应该有到了一定日子才能吃的情况。因此，她提出了"到期标签"的概念，建议商家采用。也就是说，超市的食品包装不仅应该标上最晚可食用的"过期时间"，也应该标上最早可食用的"到期时间"。这种"到期标签"主要是针对水果类食品的，因为很多水果都有成熟期。在水果包装上加个"到期标签"有不少好处，果农可以在水果还比较生的时候就把它们包装起来，让它们在运输和销售过程中慢慢成熟，反正消费者在"到期时间"以后才会去吃它们。而且，没有熟透的水果运输起来更容易，损耗更小。另外，水果包装有了"到期时间"和"过期时间"两个标签，消费者就能了解享受这包水果的最佳时间。贾沃斯卡的这个食品标签设计被美国《时代》杂志选为 2008 年度的最佳发明之一。

贾沃斯卡显然对水果的日期标签进行了富有对称性的思考，她在仔细观察了过期标签以后，就在头脑中构思与过期标签具有对称含义的事物，最终创立了这个食品新标签。

"对称地思考"是创意思维训练的一个重要方面。也就是说，想到"左边"的情况时，也同时想想"右边"的情况；想到"结束"的情况时，也同时想想"开始"的情况；想到"外面"的情况时，也同时想想"里面"的情况，诸如此类。养成这样的思考习惯以后，就更容易发现创造新事物的机会。

第 43 讲

投影超大

保证不会错过它

现在各国都在提倡环保,骑自行车节能减排已经成了一种时尚。不过,由于自行车和汽车经常使用同一条道路,要是汽车司机没有注意到自行车的话,就有发生碰撞事故的危险。例如,意大利著名的自行车骑手米歇尔·斯卡波尼 2017 年在他的家乡骑车时,就被后面飞驰而来的卡车撞倒。卡车司机说他根本没看到正在路上骑车的斯卡波尼。

确实,自行车的车身狭小,不容易被汽车司机看到,特别是在晚间,情况更糟。虽然有些自行车装了闪烁着红光的小灯,但是由于灯的面积很小,还是容易被汽车的窗框挡住,落在司机视野的盲区。如何才能保证汽车司机一定能看到路上的自行车呢?

英国大学生艾米莉·布鲁克决心解决这个问题。她想到,解决问题的根本办法是把自行车"变"得很大,这样,汽车司机就不会忽视它了。但是,怎么才能把自行车"变"得很大呢?

艾米莉想到的解决方案当然不是去造一个体积很大的自行车。她的办法是在自行车的车把上装一个激光投影灯，这个投影灯会在自行车前方的路面上投射出一个尺寸很大的自行车图案，这样，即使开车的人看不到自行车，也绝不会看不到这个图案，因为这个自行车投影不仅面积大，而且颜色还十分鲜艳。自行车装了这个投影灯以后，骑手的安全就有了保障。目前，艾米莉已经开了一家公司，专门生产和销售她发明的自行车安全投影灯。

艾米莉为了保证汽车司机一定能看到路上的自行车，想到了给自行车增加大尺寸投影的主意，使自行车骑手更安全。

在现有的事物上外加一个东西，也许就是某个问题的解决之道。

第44讲

顾客定价

卖家听从买家

旅游网站普利斯林由纽约商人杰伊·沃克在1998年创办，网站一开始的业务是卖机票。本来，建个网站卖机票是个很平常的事，而且，在沃克创办普利斯林时，网上已经有了不少卖机票的网站。怎样才能使自己的网站不走寻常路，在生意上出奇制胜，是沃克想得最多的问题。

他的苦思冥想终于有了结果。他决定用一句口号"价钱由您定"来为自己的网站定调，也就是说，在普利斯林订机票或订其他的旅游服务，价钱都由顾客来定。比如，某位顾客要订一张从纽约到芝加哥的机票，普利斯林网站就会请顾客出一个愿意接受的价钱。无论这个价钱多高多低，网站都会根据这个价钱去各航空公司找票。如果符合这个价钱的机票找到了，双方就成交，网站抽取一定的佣金；如果这个价钱的机票找不到，这单生意就被取消。这个新奇的做法一经推出，马上吸引了广大消费者，网站的用户数迅速增长。这个由顾客来定价的新办法，既能使很多人买到非常便宜的旅游服务，又能帮助旅游服务商家把产品尽量推销出去，是一个消费者和商家双赢的策略。这个策略非常成功，普利斯林目前已成为北美知名的旅游网站之一，其市值超过了 200 亿美元。

长久以来，旅游服务的价格都是由商家决定的，沃克却反其道而行之，放弃由商家定价的传统，改由买家来定价，取得了出人意料的良好效果。

尝试与常见的做法截然相反的做法，并测试其效果，是发现更佳做事方法的有效途径。

第 45 讲

挑刺团队

为何他们总是唱反调

在工业界，为了扩大规模，降低成本，公司兼并的事时有发生，但兼并案的成功率却较低，大约只有30%，约70%的兼并案没有达到预期的目标。长期以来，很多公司的决策层开动脑筋想尽办法，努力提高公司兼并案的成功率，但收效不大。

任何公司有了新的兼并提案时，公司管理层通常会成立一个尽职调查团队，来分析这个提案的利弊，得出有关这个兼并案是否值得考虑的结论。由于兼并案通常是由公司高层提出来的，这个尽职调查团队往往会趋向于迎合高层的意愿，得出偏向于赞同兼并提案的结论，这个现状使董事会不易听到完全公正的分析结果。这大概就是兼并案失败多于成功的主要原因。

美国著名的割草机公司托罗公司的董事长肯·梅尔罗斯为此事想到了一个好主意。他建议在评估潜在的兼并案时，除了成立尽职调查团队，还应该成立一个专门给兼并案挑刺的团队，这个团队的职责就是专门为"我们为什么不应该进行这个兼并"寻找理由。由于"挑刺"是这个团队的主要工作，因此这个团队可以名正言顺地寻找兼并计划的毛病，而不用顾忌公司高层对兼并案的态度。在公司作出有关兼并案的决定前，尽职调查团队和挑刺团队的分析结果都会呈送董事会，使董事会成员对正反两方面的情况有充分的了解。托罗公司在实行了这个新举措以后，兼并成功率比工业界的平均值高了许多。

梅尔罗斯十分重视评估团队功能的对称性，认为评估兼并案时不仅应该有正方团队，还应该有反方团队，从而使托罗公司避免了许多可能由不成功的兼并案带来的损失。

在看待任何问题时，同时兼顾"正"和"反"两个方面，是非常重要的，这是"对称思考"的一个具体表现。

第46讲

简易三维

立体显示并不难

就是到了技术如此发达的今天，要看立体电影的话，人们还须去专门的影院，并戴上特殊的眼镜，这让人觉得多少有些不便。人们一直期待能够不戴眼镜，就像平常看东西一样，用裸眼看到活动的立体画面，可是，研发具有立体效果的三维显示器一直是个技术难题。虽然全息技术能够实现这样的效果，但全息三维显示产品目前还没有成熟。

在裸眼三维显示技术尚不成熟的情况下，对产品研发人员来说，是否应该等到有关技术成熟以后再动手呢？对于这个问题，美国加利福尼亚州初创公司"纯粹深度"的研发团队的回答是："不！"早在2005年，他们就推出了一款裸眼三维显示产品。这款显示器由多片透明的液晶显示屏叠加而成，使用者能同时看到各个显示屏上的画面。由于显示屏和显示屏之间有一定的间隔，因此，由各层画面叠加出来的图像从不同的角度去看是不同的，这就让图像具有了立体感。这款产品虽然不是严格意义上的三维显示器，但确实使图像拥有了一定的三维特征。这款显示器有许多用途，比如，在电子游戏中，让人物从一层液晶屏跳到另一层液晶屏，人物的动作就显得更加逼真；又如，把患者的资料显示在不同的层面上，可以让医生在为患者做手术时能同时看到患者的多种信息。

在技术上离真正的三维显示还有很长一段距离的时候，这家公司的研发人员没有放弃努力，而是创造性地采用多层显示屏来模拟立体效果，取得了有价值的结果。

当想要达到某个目标但一时又找不到方案时，可以考虑那些只能实现近似效果但却马上就能实施的方案。说不定那就是在现有条件下最好的方案。

第47讲

宁碎瓦罐

山道遇阻有良策

唐代的李肇在他写的《唐国史补》里说过一件趣事。在通往河南渑池的狭窄山路上，有辆车子由于瓦罐装得太多，卡在了半道上，动弹不得。这样一来，后面一长溜的车子只好停下来，等着瓦罐车重新动起来。这条山道十分危险，一边是高山，一边是悬崖，拉车的人必须十分小心。那天天气特别冷，路面上都是冰雪，情况比平时更加危险，大家看着天色将晚，心里都很焦急。要是在天黑以前不能通过这段山路的话，天黑以后这条路就更难走了。可是，再急也没有用，瓦罐车不动，其他的车子都别想动。大家一时没了主意。

这时，有位叫刘颇的客商，从后面挤到了瓦罐车跟前。刘颇问瓦罐车车主：你这些瓦罐值多少钱？车主说，大概七八千钱吧。刘颇解开自己的口袋，数出那个钱数的银两，交到了车主手里，并说，你的瓦罐我都买下了。正当大家纳闷刘颇为何买下这些瓦罐时，只见他抽刀砍断了绑着瓦罐的绳子，把瓦罐全部推下了山崖。随后，车主拉着空车很快通过了卡口。

山路马上就畅通了，众客商都很快通过了这个危险的路段。

面对挡道的瓦罐车，大家之所以束手无策，就在于他们把解决问题的可能途径不自觉地限制在了"免费"方案的范围之内，没想到还存在可以通过花钱来解决问题的办法。而刘颇的思维显然没有受到这个范围的限制，因此他轻松地想到了这个可行的方案。虽然破费了一些银两，但却解除了众人的生命危险。

在解决困难问题时，除了考虑各种无需什么开销的方案，也可以包括那些需要付出额外代价的方案。只有这样，解决方案的选择余地才会更大。

第 48 讲

独脚仙鹤

此鸟到底几条腿

14世纪意大利作家薄伽丘在《十日谈》中写的一个故事很值得品味，这个故事描写了一户富豪人家的主人和他的厨子之间发生的矛盾。

那天，主人打猎打到了一只仙鹤，很肥壮。他回到家后就把鹤丢给了厨子，吩咐要精心烹制，晚饭时他好用这野味招待客人。厨子把鹤烤得皮脆肉嫩，满屋飘香。正当他把烤好的全鹤往餐厅送的时候，他的相好闻着香气来了。她非要弄点鹤肉尝尝，厨子当然不答应，于是这相好就威胁说，今天要是不让她吃到鹤肉，以后就休想再从她那里捞到什么好处。厨子权衡利弊，狠了狠心，扯下一条鹤腿塞给相好，就匆匆忙忙上菜去了。

主人一看烧好的全鹤少了一条腿，马上就问："那条腿呢？"没想到厨子竟然回答说："尊敬的主人，你难道不知道仙鹤只有一条腿吗？"确实，仙鹤通常只用一条腿站着，另一条腿藏在肚子底下，看上去好像只有一条腿。主人听了厨子的狡辩很惊讶，也很生气，但由于有客人在，他不便发作。他语带威胁地对厨子说："你等着，明天一早我带你去河边，看看仙鹤到底有几条腿!"

　　厨子一夜无眠,知道自己虽无死罪,但活罪难免。第二天一早,主人押着厨子来到河边,晨曦中,四周静悄悄的,一群仙鹤站在那里,还没从梦中醒来。厨子得意地对主人说:"您看,仙鹤不是只有一条腿吗?"主人不搭理他,直接向鹤群跑去,同时还挥舞着双手作驱赶状,嘴里不断发出"嘘、嘘"的声音。那些仙鹤受了惊吓,赶紧放下藏在肚子底下的另一条腿,拍拍翅膀,很快就飞走了。

　　这下轮到主人开口了:"现在你还有什么话好说?"只见厨子淡定地回答:"要是您昨天对着盘中的仙鹤也挥舞双手,发出'嘘、嘘'的喊声,那么它也会伸出第二条腿的。"主人很欣赏厨子这个富有创意的回答,于是就饶恕了他。

　　这位厨子充分利用昨天晚上和今天早上主人在仙鹤面前的不同表现,来为自己开脱,终于逃过了主人的惩罚。

　　对于不同情况之间的差异,特别是那些不怎么显眼的差异,需要拥有敏锐的观察力,对它们格外关注。因为看到差异,有时就是走出困境的关键一步。

第49讲

节省九成

洗衣只用一成水

全球居民每年洗涤衣物消耗大量的水。水是宝贵的资源，要是洗衣不用水，该有多好。

不过，对于洗衣机厂家来说，要生产完全不用水的洗衣机恐怕太难了。在这样的情况下，是否可以把目标稍稍放低一些，去寻找用水量大大低于传统洗衣机的技术方案呢？英国洗衣机公司泽洛斯公司的研发人员在这方面做了有价值的尝试。泽洛斯公司在2013年推出了一款新型洗衣机，这款洗衣机的洗衣原理与传统洗衣机十分不同。传统洗衣机把衣物浸泡在加了洗涤剂的水里，通过搅拌翻动衣物把污垢抖落到水里，而这款新型洗衣机使用数百万经过特别设计的尼龙小珠，在洗衣时只需要加少量的水。在衣物和尼龙珠的充分接触过程中，这些小小的珠子能够在湿气中把织物上的污垢吸附下来，并藏入尼龙珠的内部，洗衣完毕时，尼龙珠会被收入专门的储藏盒内，以备下次再用。一盒新的尼龙珠可以洗衣500次左右。这款尼龙珠洗衣机与传统洗衣机相比，能够节省90%的用水，这是非常吸引人的性能，难怪泽洛斯公司的高管曾喊话北美的公共洗衣行业，请他们换用泽洛斯的新式洗衣机，这样每年可省下 4 千多万吨水。

泽洛斯公司的研发人员清楚地了解，制造完全不用水的洗衣机还为时过早，既然如此，何不退一步，先开发只需要少量用水的洗衣机呢？这台节水的尼龙珠洗衣机恐怕就是这种想法的产物。

有时候，实现某个目标一时难有进展。遇到这种情况，追求接近目标但未完全达到目标的方案也许就是最好的策略。

第 50 讲

空中来电

免费能源处处有

近年来，大规模分布式传感器网络正在兴起，这些传感器用途广泛，可用来监测环境、跟踪物流、实施安防等，虽然它们用电不多，但没有电还是不能运转。这类传感器通常成本低、数量多、分布广，如果要专门为传感器网络建立配套的供电系统，在经济上是不现实的。当然可以用电池给传感器供电，但更换电池也很麻烦。因此，如何有效而经济地为分布式传感器供电对人们来说是一个挑战。

2015 年，英国的保罗·德雷森勋爵在这方面找到了一个新方法。他注意到，如今人人都用手机，因此空中到处充满了无线信号的电波。由于无线电波带有一定的能量，德雷森勋爵就想，如果能发明一个装置从这些电波中截取一部分能量就地为传感器供电，这个问题不就解决了吗？

有了想法就付诸行动。德雷森领导的研发团队很快就开发出了能够从无线电波中汲取能量的装置。在伦敦皇家学院的一次演示中，这个装置能够不断地为一个空气质量监测器供电，使监测器持续工作。这是世界上首个既不用外接电源也不用电池供电就能使传感器连续工作的成功案例。商界人士评估，德雷森开发的这项技术在不久的将来会有很大的市场。

当德雷森勋爵注意到手机普及所带来的新现象，就想到了从空中获取电波能量为传感器供电的新主意，为分布式传感器网络供电找到了一条新路。

生活中每天都有新事物出现，只要经常关注新事物，就容易想到如何利用新事物来解决存在的问题。

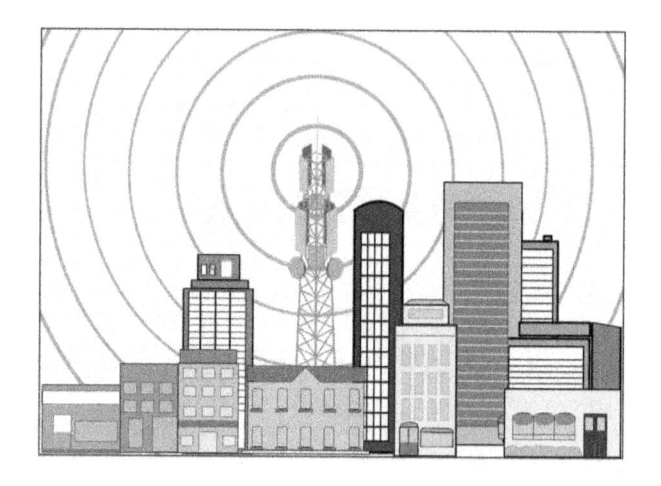

第51讲

塑料导电

"从来不"不等于"永远不"

长期以来,人们普遍认为塑料是不导电的绝缘材料,因此,很少有人去琢磨塑料到底能不能导电的问题。不过,塑料是否绝对不导电,并没有肯定的结论。

20世纪70年代初期,东京大学的白川英树教授在做合成塑料实验时,不小心搞错了配方,结果他得到了一些奇怪的塑料薄膜,这些薄膜看上去竟然有金属的光泽。于是他就想,既然这些塑料薄膜看上去有点像金属,那么它们是否也可能具有金属的特性呢?抓住这个思路,他开始研究塑料是否也可以像金属一样导电的问题。

几乎与此同时,在地球的另一端,美国宾夕法尼亚州立大学麦克迪亚米德教授也开始了这方面的研究工作。在日本举行的一次学术会议上,麦克迪亚米德遇到了白川英树,了解到他们都在进行相似的工作后,麦克迪亚米德就邀请白川英树到宾夕法尼亚州立大学去共同钻研这个题目,白川英树也愉快地接受了邀请。在宾夕法尼亚州立大学,麦克迪亚米德和白川英树一起在实验室进行了多次试验,并邀请同校的海格教授参加对试验结果的分析。1977年,这三位教授的工作有了突破性的进展,他们真的制备出了能够导电的塑料薄膜。经测量,其导电率比以前一下子提高了9个数量级,这项研究成果彻底改变了人们关于塑料不能导电的传统观念。2000年,三位教授因这项开创性的工作而获得了诺贝尔化学奖。现在,导电塑料已经成为一个重要的领域,它的应用前景十分广阔。

金属导电而塑料不导电,这是人人都知道的常识。但是,这三位教授没有被这个常识所约束,没有在头脑中完全排除"塑料可能导电"这样的想法,终于研发出导电塑料这一新材料。

对于前人标以"不可能"记号的结论,其实都应该打一个问号,世界上很少有绝对的"不可能"情况。对这类结论,最好的策略是去实际研究一下有关的事物,看看是不是真的不可能。

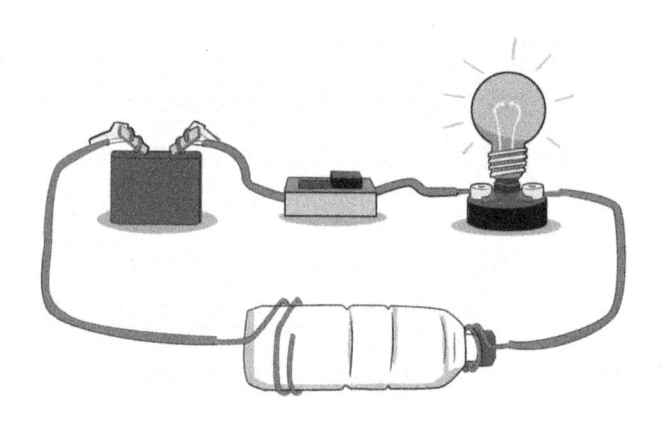

第52讲

激光灭蚊

对抗疟疾新装置

美国总统里根在1983年提出的"星球大战计划"中有一个重要的内容，就是用激光武器来摧毁敌方的导弹。该计划后来并没有实施，原因是激光武器技术在那个时期并未成熟，里根不过是虚张声势，希望借此概念吓唬对手而已。

光阴荏苒，转眼到了2008年。"星球大战计划"早已成为历史遗迹，里根总统也已经作古。然而，就在这一年，内森·迈尔沃尔德，一位微软公司的前高管，却想起了"星球大战计划"，开始研发他自己的"激光武器"。

他成立了一家初创公司，专门研发小型的激光打击系统，这套系统的打击对象不是什么太空武器，而是小小的蚊子。蚊子是传播疟疾的罪魁祸首，据统计，全球每年有上百万人被疟疾夺去生命，非洲更是此病的高发区。迈尔沃尔德研发这套装置的目的，就是帮助非洲的住民对抗疟疾的泛滥。

2010年，迈尔沃尔德的公司成功造出了首台激光灭蚊机。在演示中，灭蚊机显示了不凡的能力，它能探测蚊子的飞行轨迹，并用激光烧死蚊子。它还能分辨蚊子的雌雄，放过雄蚊子，专杀雌蚊子，因为只有雌蚊子才叮人。这台灭蚊机的杀蚊效率很高，每秒能杀死100多只蚊子。迈尔沃尔德准备把他的灭蚊机介绍到非洲去，为医院、学校、住家等场所建立激光保护网，使处于保护网内的人免受蚊子的攻击。这款灭蚊机给非洲国家减轻蚊子造成的危害带来了新希望。

迈尔沃尔德把军事领域中激光武器的概念，借用到医疗卫生领域，很快就研制出了对付蚊子的激光仪器。

把某个概念从一个领域借用到另一个领域，是比较常见的创新思路。采用这个思路，肯定是益处良多。

第53讲

网格浅淡

准备海报不再有烦恼

北美的中小学学生经常在老师的指导下做些小项目，项目完成后学生一般会把结果放在海报上进行展示。在做海报前，学生会先去文具店或超市买来空白的海报板，然后贴上图表、文字、照片等。完成后的海报常挂在学校的墙上或放在特定的架子上，供人参观。

长期以来，学生在做海报时一直有个小小的烦恼，就是他们很难把图表、照片等贴得端端正正。这是因为空白海报板上通常没有坐标网格，因此，往上贴东西的时候，位置和方向都没有基准。而海报板的生产商却不愿意在空白海报板上印刷坐标网格，大概是怕网格影响海报的美观吧。

得克萨斯州达拉斯市有位中学老师玛丽·萨拉想到了解决这个问题的办法。她意识到学生在做海报的时候身体离海报板很近，而海报的参观者一般离海报有一定的距离，于是就想，要是在空白海报板上印刷非常淡的网格，其颜色淡到只有凑得很近时才能看到的话，那么，这样的网格应该不会影响海报的美观，因为看海报的人几乎是看不到网格的。有了这个网格，学生在准备海报时就能依据网格把图片、文字等贴得很正。对于自己的这个想法，玛丽看到了商机，她迅速把这个想法申请了专利，并在不久后成立了一家公司，专门生产这种具有若隐若现坐标网格的空白海报板。这款海报板一推到市场，便受到了学生的欢迎，目前，这种新型海报板的年销量已超过了百万张。有了这款海报板，学生准备海报时再也不用为贴正图片、文字等烦恼了。

玛丽就是因为看到了准备海报的学生与海报的参观者之间离海报板距离的差异，才想到在空白海报板上印个似有似无坐标网格的主意，解决了这个多年来困扰学生的难题。

关注差异，关注差异，关注差异！重要的事情一定要说三遍。

第54讲

鸭菜有序

您的证书编号是什么

1990年夏天,歌星邓丽君邀请影星林青霞去巴黎塞纳河边著名的银塔餐厅,品尝这里的招牌菜"血鸭"。

说起血鸭这道菜,它可是鼎鼎有名。1890年,银塔餐厅当时的老板兼主厨弗雷德里克·德莱尔发明了这道程序复杂、主要由鸭子做的菜,取名"血鸭"。随后,他又做了一个决定,让餐厅记下做每道"血鸭"所用鸭子的顺序号,作为客人享用这道美味的凭证。从此以后,任何食客到银塔餐厅吃饭时如果点了"血鸭"的话,餐厅会在客人吃完这道菜以后,奉送一份精美的"品鸭证书"作为礼物,证书上印的就是这位客人所吃鸭子的序号。随着时间的推移,银塔餐厅发放"品鸭证书"的名气越来越响,渐渐地,凡是来到巴黎的名人贵客,都会光顾银塔餐厅。而来到银塔餐厅,他们也一定不会忘记点这道名菜,因为他们都以得到一份"品鸭证书"为荣。到目前为止,来银塔餐厅吃过"血鸭"的名人已不计其数,在此可以举几个例子:第185397号鸭子是英国女王伊丽莎白二世吃的,第253652

号鸭子是喜剧大师卓别林吃的,而第 1079006 号鸭子是亿万富豪比尔·盖茨吃的。

其实,任何卖鸭子菜品的餐厅,卖出的鸭子自然就有顺序,只是其他餐厅没有把序号记录下来,也没有把它印在证书上郑重其事地送给客人罢了。

德莱尔只是把十分普通的鸭子序号包装了一下,就使得去他的餐厅吃"血鸭"这道菜的经历成了他的顾客无比珍贵的记忆。看来,独特的包装是能够产生神奇魔力的。

再平凡的东西,只要加以精心包装,就可能变成大家都想要的抢手货。

第 55 讲

第三形态

既不是晶体，也不是非晶体

1982年，正在美国国家标准局做访问学者的以色列理工学院教授丹·谢克曼发现了一种奇怪的固体物质形态，这种形态似乎很难用现有的化学理论来解释。那时，化学界普遍认为固体物质从原子排列的方式来说，只有两种形态：晶体和非晶体。晶体在方向上有对称性，在顺序上有周期性；而非晶体，则既没有对称性，也没有周期性。所以，这两种物质形态很容易区分。

可是，谢克曼发现的物质形态，在方向上有对称性，在顺序上却没有周期性。他立刻意识到这很可能是固体物质的一种未知形态，于是就命名这种新形态为"准晶体"，意思是它既不是晶体，也不是非晶体，而是原子排列方式介于晶体和非晶体之间的物质形态，按照他的想法，固体物质存在不止两种形态，而是应该有三种形态。当他的研究论文发表以后，遭到了几乎所有同行的嘲笑，因为他们认为固体物质只能有两种形态，谢克曼的说法在理论上完全说不通。他所在部门的领导叫他回去好好重读一下化学教科书，不要闹这样的低级笑话，给部门丢脸。德高望重，得过两次诺贝尔奖的化学家莱纳斯·鲍林，更是一直对谢克曼冷嘲热讽，至死方休。他曾经针对谢克曼宣称，这世界上没有什么"准晶体"，只可能有"准科学家"，意在挖苦谢克曼缺乏基本的科学常识。不过，事实证明这些人都错了，准晶体确实存在。后来同行们才慢慢开始接受谢克曼的结论，并验证了他的发现。2011年，谢克曼因发现准晶体而获得了诺贝尔化学奖。

谢克曼的同行们为什么一开始不认可准晶体呢？显然他们的思维受到了现有化学理论的束缚，死板地认为固体物质只能有两种不同的形态。就连鲍林这位诺贝尔奖得主，思路居然也这么僵化，实在让人感到意外。谢克曼的思绪显然没有受到世界上只有两种固体物质形态这个结论的限制，这才使他能够超越同行，成为世界上发现准晶体的第一人。

在遇到不了解的现象时，不必完全把自己限制在现有的理论框架之内，其实世界上未知的事物还很多。要探索未知事物，跳出现有理论的框架去思考是十分重要的。

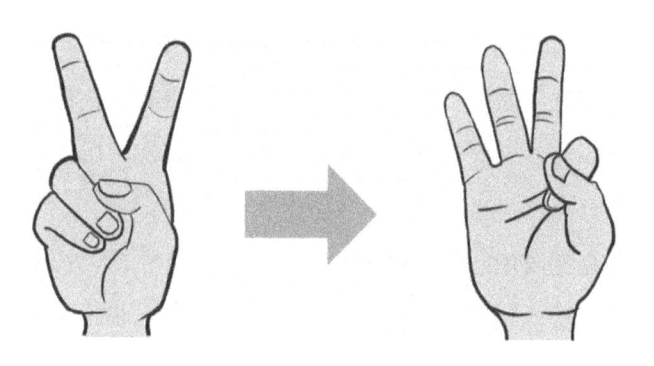

第 56 讲

高低鞋跟

户内户外两相宜

很多女士在室内喜欢穿高跟鞋，以显得身材挺拔健美；而在户外则更喜欢穿平跟鞋，这样走起路来脚更舒适。因此，她们常常会随身准备两双后跟高度不一样的鞋。

美国新泽西州有个医生告诉酒吧老板肖恩·弗兰纳里，说要是有双后跟既能高又能低的皮鞋就方便多了。说者无心，听者有意，弗兰纳里听到医生的愿望以后，就开始琢磨怎么能让一双皮鞋带有两个高度不同的鞋跟。这其实不是什么困难问题，弗兰纳里马上就有了主意，并很快把可变高度的鞋跟结构设计了出来。这个鞋跟结构说起来也很简单，就是由两段材料拼接而成，第一段固定在鞋底上，第二段以铰链的方式连接在第一段上。当需要高跟时，把第二段拉直连接在第一段下面就行了；当需要平跟时，就把第二段折弯后藏进鞋底。弗兰纳里把他的设计申请了专利，然后卖掉了酒吧，开了一家名叫卡米伦的制鞋公司，专门做鞋跟高度可变的女式皮鞋。他做的皮鞋一上市，很快博得了各界女士的青睐，无论是城市写字楼的上班族，还是乡村俱乐部的休闲客，都很喜欢弗兰纳里发明的这双户内户外都可以穿的皮鞋。由于受到不少名人的推崇，弗兰纳里的产品不仅打开了美国市场，也打开了国际市场。

女式皮鞋后跟的高度从来都是固定不变的，买来的时候是多少它就一直是多少。可弗兰纳里却把女式皮鞋后跟改成高度可变的结构，满足了广大女性的需求。

从来固定不变的东西，是否可以考虑把它改成可变动的呢？这在很多情况下是值得一试的想法。

第57讲

高空滑梯

快速逃生有新招

当火灾或地震发生时,处于大楼高层的人员首先想到的是如何逃生,如何快速撤离到地面。通常,消防队的云梯车可以帮助他们,不过,遇到灾害的人爬云梯撤离的速度还是不够快,在紧急情况下撤离高楼要求的可是争分夺秒!

针对这个情况,湖南大学设计艺术学院的研究生范石钟就想寻找让人们从高楼更快撤离的新办法。在寻找方案的过程中,他受到飞机上逃生滑梯的启发,决定把滑梯的概念用到高层建筑的救援设备上去。为此他专门设计了由云梯车改成的滑梯车,以便在高层写字楼或公寓发生灾难时,通过多段互相连接的滑梯,把身处建筑高层的人员迅速送到地面。由于滑滑梯比爬云梯快多了,因此,用滑梯车救人比用云梯车要节省很多时间,撤离的速度更快,救的人更多。所以,滑梯车比云梯车优越许多。鉴于范石钟设计的滑梯逃生车十分新颖且非常实用,具有比传统的逃生设备高得多的效率,他的这项设计获得了国际设计杂志《Core77》2017年度的交通设备奖。

范石钟在设计高层逃生设备时，敏锐地把飞机逃生滑梯的功能嫁接到传统的云梯车上，成功发明了比以前更好的灾难救生设备。

把属于其他事物的概念借用到感兴趣的东西上面，是十分有用的创新活动。

第58讲

何谓手稿

研究论文借来一用

第二次世界大战时期,爱因斯坦从德国逃到美国,在普林斯顿高等研究所安定了下来。有一天,某个反法西斯民间组织找到了爱因斯坦,希望他把1905年发表的那篇著名论文的手稿捐给他们,支持他们的反法西斯事业,他们计划把这份珍贵的手稿拿去拍卖,筹集一笔开展反法西斯活动的资金。爱因斯坦的这篇论文很有名,是关于光电效应的重大发现,爱因斯坦就是凭这篇论文获得了1921年度的诺贝尔物理学奖。

可是,这篇论文的手稿早已不是爱因斯坦的私人物品,而是德国的重要国家文献,此时此刻,它正被锁在德国国家图书馆的库房里。爱因斯坦人不在德国,肯定没机会拿回这份手稿,但是,爱因斯坦又很想帮助这个民间组织,资助他们开展活动。那么,他如何才能完成自己的心愿呢?

论文手稿,一般来说,指的是作者投给科学期刊的原始稿件。不过,"手稿"一词的含义不仅如此,它还有其他的含义,比如,任何"用手所写的稿件"也可以被称为"手稿"。爱因斯坦大概想到了这一点,于是,他从普林斯顿图书馆借来登有那篇论文的期刊，用空白稿纸把自己的论文认认真真地抄了一遍，然后，他把这份手抄的文章交给了这个民间组织。据说，这个组织把这份"手稿"拿去拍卖后，居然筹到了数百万美元的款项。这也算是爱因斯坦对反法西斯事业做出的一点小小的贡献。

由于"手稿"一词至少具有上述两个不同的含义，因此爱因斯坦巧妙地利用了其中"用手所写的稿件"这个含义，解开了一个原先看来似乎无解的难题。

很多事物都具有多重性，一个词、一句话、一个动作，都可能包含多个不同的含义。如果充分了解这一点，就能在需要的时候利用这样的多重性来为正当的目的服务。

第59讲

课题冷热

研究超导的多，研究什么的少

从 20 世纪 80 年代后期开始，超导材料的研究一直十分火爆，这主要是因为超导材料的电阻几乎为零，因此把它做成组件，工作起来能量基本没有耗散，组件不会发热，是人们梦寐以求的导电材料。只是目前已发现的超导材料都需要工作在低温环境才能呈现出超导特性，故只能在一些特殊的领域发挥作用。各国的研究工作者仍在积极寻找能够在常温下也具有超导特性的材料，好大大拓展超导材料的应用范围。面对热火朝天的超导研究，尚未卷入这个热潮的研究者恐怕都会问自己这样一个问题：是去凑这个热闹，还是干点什么别的？

在美国阿贡国家实验室工作的物理学博士瓦列伊·维诺克和塔季杨娜·巴图林娜就没有去追这股超导研究的热流，而是潜心研究和超导现象截然相反的"超阻"现象，就是电导率特别小的现象。他俩觉得，超导材料虽然很有前途，但研究它的人已经很多，还不如另辟蹊径。世界上既然存在着超导现象，是否也可能存在着正好相反的超阻现象呢？本着这样的想法，他俩开始了超阻特性的探索。经过数年的努力，他们终于在氮化钛薄膜接近绝对零度时，首次观察到了超阻现象，在那次实验中，这个材料的电阻率一下子提高了十万倍，显示了电导率几乎为零的特征。自此以后，其他的研究人员也开始关注超阻现象，并希望能发现在常温下就具有超阻特性的材料。人们的憧憬是，将来用超导材料和超阻材料合起来生产近乎完美的电器，这样的电器之所以完美，是因为它既不会发热也不会漏电。

维诺克和巴图林娜没有选择热门的超导现象作为自己的研究课题，而是决定去研究与超导现象完全相反的、尚无人涉足的超阻现象，成了世界上首先获得超阻效应的科学家。

当其他人一窝蜂地瞄准某个热门课题开展工作时，也许不必随大流，而是可以去选择与热门课题正相反的课题来打开局面，说不定就会爆个冷门。

第60讲

飞轮储电

不用电池也能保存能量

为计算机和其他电器服务的备用电源随处可见，当电网供电发生故障时，备用电源会迅速替代供电，保证用电设备不会因为电网断电而突然中断工作。

几乎所有的备用电源都是用电池来储存电能的，不过，电池会慢慢消耗能量，而且还存在环境污染问题。那么，除使用电池外，就没有更好的储存电能的手段了吗？

美国得克萨斯州休斯敦动能公司的技术人员用实际行动回答了这个问题，他们研发了一款完全不用电池的备用电源。没有电池，靠什么来储存电能呢？原来，这个新设备内部安装了一个金属飞轮，设备利用飞轮的高速转动来储存能量。在电网正常供电时，马达推动飞轮快速旋转，把电能转换为机械能；一旦电网断电，飞轮所带的机械能就被重新转换成电能，给用电器供电。这个飞轮被密封在真空环境中，因此空气阻力造成的能耗极小。与传统的备用电源相比，这款新型备用电源的储能密度高出了一倍，而能耗则减少了。由于内部没有电池，这个设备也不会有污染问题，是真正的清洁电源。动能公司的产品是市场上首个采用飞轮储电的备用电源，现在，这个产品受到了很多用户的青睐，特别是那些重视环保的用户。

在动能公司推出它的产品之前，各备用电源厂家的设计师在设计产品时都会理所当然地考虑用电池来作为储能模块，因为电池似乎是备用电源不可或缺的一个元素。然而，动能公司的研发团队却没有这样想，他们抛弃了这个固有元素，制造出了性能更优异的备用电源。

我们常常会遇到这样的情况，比如在设计某个产品时，有些元素好像是必须要包括在内的，其实不然。任何元素都不是完全不可替代的，产品设计是如此，其他方面也是如此。

第61讲

理性存疑

金钱面前多感性

人们有关金钱的思考好像是最有理性的，因为没有人喜欢在经济上吃亏。于是，有史以来众多经济学家，在研究人的经济活动时，都以研究对象必然会在财务方面理性地做出决定作为分析经济规律的前提。

20世纪70年代，加拿大不列颠哥伦比亚大学的丹尼尔·卡尼曼教授根据他对人们买卖股票行为的分析，对经济活动中"人都是理性的"这个前提提出了疑问。他认为，虽然人们总是想增加收益，减少损失，但是在做与金钱有关的决定时，依靠的往往是自己的感觉，而不是实际可能出现的结果，所以，人不见得总是那么理性。下面就是一个简单的例子。

去超市买鸡蛋时，人们常常会比较不同超市鸡蛋的价格。要是这家超市的鸡蛋是6元一打，而另一家超市只要5元一打，相信很多人会改去那家超市，省下这1元钱。

而去汽车专卖店买汽车时，人们同样会比较不同专卖店汽车的价格。要是同样款式的车这家店要价5万元，而另一家店的要价比这里便宜100

元，估计很多人不会因此而放弃这家，改去那家，虽然去那家店买车会省下 100 元。

为什么人们愿意为省下一块钱而多跑一个店，却不愿意为省下 100 元而多跑一个店呢？这个现象看上去很不合理。其实这是因为在这两个情况中，人们有关省钱的感觉是不一样的。买鸡蛋时，6 元省下了 1 元会觉得省了很多；而买车时，5 万元省下 100 元却觉得省得太少。由这个例子可以看出，人们在作出跟金钱有关的决定时常常缺乏理性，不能客观地来比较有关的决定。

卡尼曼根据他的发现修改了经济学理论中关于"理性人"的假设，建立了更符合实际情况的"前景理论"，这个新理论在金融理财和股市行情的分析中发挥了重要的作用。卡尼曼因此而获得了 2002 年度的诺贝尔经济学奖。

卡尼曼的成就来自他重新审视了传统经济学理论中有关"理性人"假设，如果他没去审视这个传统理论的出发点，就不可能创立"前景理论"。

任何理论的确立都是有前提的。而对于大家都认可的理论，依然可以去质疑它的前提，看看它是否合理或者是否已经过时，这对于理论创新是很有帮助的。

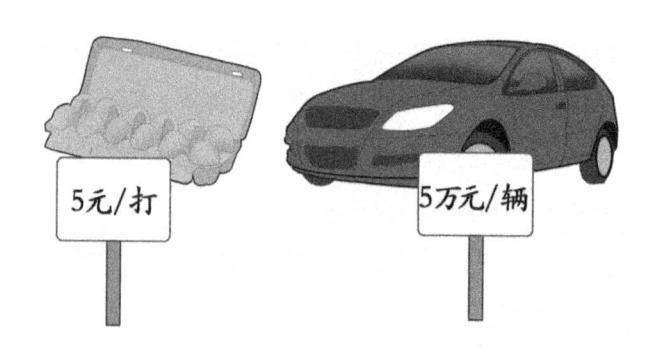

第62讲

细菌护肤

护肤新品的推出

市面上出售的护肤用品，无论是什么"膏"、什么"霜"、什么"露"，还是什么"液"，都有一个共同的特点，那就是它们都是杀菌产品。人们头脑里长期以来形成的观念就是，皮肤远离细菌，是保持健康的基本要素之一，可是，这样的观念一定是正确的吗？

2000年，美国麻省理工学院的毕业生戴维·维特劳克看到马在泥浆中打滚，就触发他开始想一个问题：为什么马喜欢让泥浆沾在自己的身上呢？莫非泥浆中的细菌对马的皮肤有好处？从那天开始，维特劳克就琢磨护肤用品是否应该富含细菌，而不是以灭菌为目的。他对自己的想法越想越自信，后来干脆辞了工作，专心去寻找对人体皮肤有好处的细菌。功夫不负有心人，他在2009年终于找到了一类对人体确实有益的细菌。他在自己身上做试验，结果发现，这些细菌能和皮肤和谐相处，在皮肤表面形成良好的微生态环境，皮肤上有了这些细菌以后，各种皮肤病就不易上身。比如，这些细菌能帮助避免湿疹、消除肿痛、抑制异味等，甚至还能帮助舒张血管，降低血压。看到这类细菌的诸多好处以后，他于2013年成立了埃奥波公司，拉来了一亿美元的融资，专门生产带菌的护肤用品，比如皮肤清洁剂、护肤霜、香波等。目前，埃奥波的产品已经走进千家万户，护肤品行业各大品牌老店也都在和埃奥波公司接洽，商谈合作事宜。行业内的专家估计，含有细菌的护肤用品在不久的将来很可能会成为护肤美容产品的主流。

常见的护肤产品以灭菌为目的也许没有错，因为它们确实会杀灭很多对身体有害的细菌，但是，不让任何细菌停留在皮肤上好像也不是最佳选择。维特劳克正是看到了细菌与皮肤之间的微妙关系，才想到要去推广有益于皮肤健康的含菌护肤品，从而开辟了一个新的护肤用品市场。

常识性的观念不见得总是合理的。想想常识性观念的不足之处，对启发创意思维、发现创新机会，肯定有好处。

第63讲

灵活靠板

舒适的双人床

2006年,美国加利福尼亚州的家具设计师杰夫·维斯基设计了一款新式的双人床,他给其取名"海岛双人床",并把它推向了市场。这款双人床的设计,引起了人们的兴趣。

普通双人床的床头一般装有一块靠板,两人坐在床上时,脸朝着同一个方向,要谈话的时候,头都需要转90度,让人不大舒服。维斯基想要改变这个状态,他设计的"海岛双人床"有个最大的特点,就是床的靠板不再是一块,而是被分成了独立的两块。而且,这个床的形状被设计成正方形,因此,两块靠板可以分别装在床的任何一边。比如,一块靠板可以装在床头,另一块装在床尾,这样两个人坐在床上就可以面对面地说话,很舒服。或者,一块装在床头,一块装在床边,这样两人坐在床上呈交叉状态,谈话时也比坐在传统双人床上舒服很多。这款"海岛双人床"上市以后,受到了不少消费者,特别是明星消费者的欢迎。

双人床的靠板从来都是一整块,两人坐在床上也总是朝着同一个方向。但是，维斯基在设计双人床的时候，却有意把靠板一分为二，使床板的安装有了多种选择。而且，两人坐在床上的姿态也不再只有一个方向，而完全可以是两个方向。

对从来都是以完整面目出现的事物，也许可以考虑把它分成两个部分或多个部分，以增加与其有关的灵活性。此外，对于从来只具有一个维度或两个维度的事物，也可以考虑增加它的维度，把它变成一个二维或三维的事物。

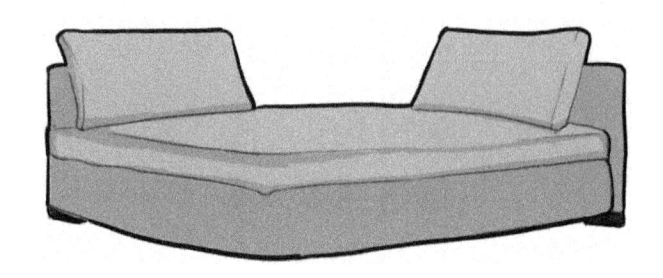

第64讲

含蓄肖像

医用大图挂墙上

不少人怀有一个小小的心愿，就是希望能在办公室里挂一张自己的肖像。可是，挂大头像的时代已经过去了，再把自己的照片放大以后挂在墙上，实在有点不合时宜。尽管如此，他们心中的那份念想却从来没有完全消失。

加拿大两个热爱艺术和设计的年轻人阿德里安·萨拉蒙诺维奇和纳兹姆·艾哈迈德看到了这个现象中蕴藏的商机。他们想，大幅照片确实已经过时，那么用代表一个人的图片来代替照片怎么样？只要这样的图片是独一无二的，那它不也具有肖像的功能吗？可是，什么样的图片才能代表一个人呢？

他们俩把注意力放到了基因分析图上。一个人的基因分析图通常是一张由许多短线段组成的图片，这些线段的位置和明亮程度就代表了这个人的基因特征。由于每个人的基因都是独一无二的，因此每个人的基因分析图也是唯一的，这和照片的性质有相似之处。那么，把基因分析图作为人们的另类"肖像",如何?

有了想法,说干就干。两个年轻人成立了一家名叫"基因双杰"的小公司,专门为客户制作能够挂在墙上的基因分析图。他们把分析图放大、上色,精心印刷,并用镜框镶起来,一张普普通通的基因分析图就这样在他们手里变成了精美的艺术品。公司开张以后,来订购基因艺术图片的人络绎不绝,人们只要寄一点口水样品,几周以后就能收到自己的基因"肖像"。这样的"肖像"不像大头照那么直白,而是十分含蓄,人们把它挂在自己的办公室里一点也不会觉得不自在。目前,这家初创公司的业务已经发展到了50多个国家。

基因分析图原本属于医学领域,比如,用于亲子鉴定或罪案调查,与艺术风马牛不相及。但是萨拉蒙诺维奇和艾哈迈德硬是把它和装帧艺术完美地结合到一起,产生了人们前所未闻的新式"肖像"。

把两个原先毫无联系的事物结合起来,有时确实会产生令人称奇的新事物。

第 65 讲

安检上机

从这里乘飞机旅行最安全

如今，航空旅行的安全很大程度上取决于机场安检工作的好坏，机场安检人员的工作质量会直接影响飞机上乘客的安危。要是安检人员工作不够认真，漏查了不安全的因素，后果可能是致命的，因此，机场安检员的工作十分重要。

据到过以色列的旅客声称，在以色列坐飞机是最安全的，这让人觉得有点讶异。众所周知，以色列地处中东地区，周围几乎都是对其怀有敌意的国家，它和邻国的武装冲突也时有发生。按照平常的逻辑，在这个国家坐飞机旅行，安全风险肯定比其他地方要高，怎么反而更安全呢？

原来，秘密就在于机场员工的工作安排上。据说，很多以色列机场的员工都身兼两职，他们既是机场的安检员，也是飞机上的空服员。在机场，他们负责询问旅客和检查行李；在飞机上，他们负责招呼乘客和提供服务，他们在地面上做安检时的工作态度将直接影响自身在空中的安全。有了地面工作态度和空中安全这层关系，他们在机场工作时还会不尽心吗？显然，以色列航空业的管理层找到了保证飞行安全的绝佳办法。

以色列的航空公司和机场安排员工既当航空安检员又当航空服务员，就有效地建立了安检员的工作质量和航空服务员的人身安全之间的联系，从而使安检员把他们的工作做到了全世界最好。

把某个人的行为可能造成的结果与其切身利益直接联系起来，是保证该行为导致优良结果的最有效办法之一。

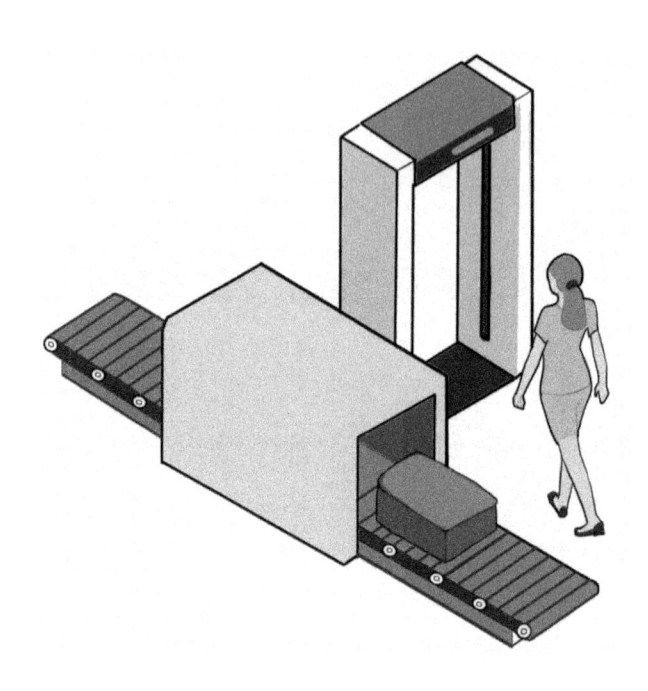

第 66 讲

T 恤说话

沟通好帮手

出门旅游，特别是去世界上比较偏僻的地区自驾游，难免有语言不通的问题。旅游者遇到困难寻求帮助时，如果当地人听不懂旅游者的语言，就会误事。

2013 年，正在越南山区骑摩托车旅游的瑞典小伙子乔治·霍恩和他的两个朋友，就遇到了这样一个难题。他们的摩托车坏了，想找个修理铺帮忙修理，可当地人既听不懂英语，也听不懂法语，把他们三人急得满头是汗。还好后来霍恩想到可以用画图的办法来进行沟通，因为图画是世界的"通用语言"，于是，他们在纸片上涂涂画画，终于使村民明白了他们的意思，帮他们找到了修车铺。

这次经历对他们触动很大。他们想，既然图画能帮助语言不通的人互相沟通，何不发明一组简易的图标，让旅游者带在身上。当需要和当地人交流时，旅游者都不用说话，只需指指图标就行。当地人根据图标的形状，就能了解旅游者想表达的意思，多么方便！他们还进一步想到，可以把这些图标印在 T 恤上。旅游者穿了这样的 T 恤，图标就在胸前，需要帮助时，往胸前一指就成。

有了主意，三人在 2016 年成立了"艾康斯皮克"公司，专门销售他们自己设计的旅游 T 恤。他们从大量候选图标中挑出 40 个最常用的，印在了 T 恤上，这些图标任何人一看就能明白它们的意思。无论旅游者要找火车站、食品店，还是医院，只要用手一指，没有不清楚的。这款 T 恤推出以后，不少人眼睛一亮，惋惜自己怎么就没有想到去开发这个简单实用的旅游产品。新闻媒体对这种带图标的 T 恤进行了广泛报道，认为它确实对症下药，消除了旅游者的一个"痛点"。

霍恩和他的朋友通过把实用图标印在 T 恤上，大大改善了旅游者在不熟悉的环境中表达意思的能力，对他们在旅途中解决意想不到的困难提供了实质性的帮助。

俗话说，一图胜千言。图形是非常有效的表达形式。因此，可以考虑多用图形来代表原本用文字传达的意思，以提高表述的效率。

第 67 讲

价廉图美

小成本地球照片的诞生

自从人类征服宇宙以来,从太空给地球所拍的照片已不计其数,这些照片展示了我们这颗正飘浮于浩瀚天宇之间的美丽星球。这样的照片基本上都是由人造卫星拍摄的,其拍摄成本之高无须多言。

有没有办法只花很少的预算来拍摄类似的照片呢?美国麻省理工学院的学生奥利弗·叶和他的两个同学在2009年夏天用实际行动回答了这个问题。那年,奥利弗他们开展了一个暑期科学项目,目标就是拍摄成本极低的地球照片。为了实现这个计划,他们买了一个气象气球、一个二手傻瓜相机和一个带有定位功能的旧手机。奥利弗给傻瓜相机编了个程序,使它每5秒钟会自动拍摄一次,又找了一个简易的泡沫塑料保温盒,把相机和手机放在里面,以抵挡高空的低温,并在盒子下方挖了一个孔,以便把相机镜头露出来。一切准备停当以后,气球吊着保温盒缓缓升上了天空。在气球上升过程中,相机不停地拍照。气球一直升到28千米高处才破裂,随后,保温盒由降落伞吊着落回了地面。根据手机发出的定位信号,奥利弗

创/新/百/讲

他们找到了盒子，回收了相机。经检查，相机果然拍到了地球的模样，照片展示了地球蓝色的弧形边缘以及深色的太空背景。这个项目取得圆满成功以后，各大媒体都登载了这些大学生所拍摄的地球照片。特别值得一提的是，这个项目的总花费不过区区 150 美元。以如此低廉的费用拍到地球样貌的照片，这在历史上还是第一次。

通常想来，拍摄地球照片所需费用肯定不低，绝非普通人的个人财力所能负担。但这些大学生却敢于去寻找非常省钱的方案，结果，仅仅用了他们自己的零花钱，就把这件事办成了！

大幅降低某个项目所需的开支，用很少的钱去办同样的事，有时候不是做不到，而仅仅是因为没有人这么去想。

第68讲

一探一片

残留地雷全现形

世界上有不少地区，因过去的战争或冲突等问题，地里埋有不少尚未爆炸的地雷。由于时过境迁，这些地雷的确切位置往往已无人知晓，要是有人不小心碰到它们，轻则受伤，重则丧命。因此，这些残留的地雷对当地的民众威胁很大。虽然各地政府均会开展一定的探雷工作，把地雷找出来销毁，但传统的探雷方法一般采用探雷器，在有疑问的地块上一点一点地探查，效率很低。如何提高探雷效率，尽快消除隐患，是令这些政府头痛的问题。

丹麦的生物技术公司阿里沙的科学家在寻找探雷途径方面另辟蹊径，开发了一种全新的探雷技术。他们注意到地雷通常会释放出微量的二氧化氮气体，于是他们选择了一种芥菜，通过改变它的基因，使它的根须在吸收了二氧化氮气体以后，菜叶的颜色会由绿变红。这样，把这种芥菜种在地里以后，人们就可以通过观察芥菜叶子颜色的变化来判断附近是否埋有地雷。有了这项技术，对疑似有地雷的区域，人们可以先用飞机播撒芥菜种子，等芥菜发芽长大后，用航拍的手段把芥菜叶子的颜色记录下来，再通过观察芥菜叶子颜色的变化，来探知何处埋有地雷。用这个办法探雷，虽然无法立刻得到结果，而是需要等待几个星期，但可以一次检查一个地区，探雷效率要比传统的方法高得多。

传统的探雷过程很快，一旦探雷器接近埋着的地雷，马上就会发出信号，而通过观察芥菜叶子颜色变化探雷，则需要很长的时间才能得到结果。好在阿里沙公司的科学家在寻找探雷新方法时没有在探雷速度上加以限制，才找到了这个虽然很慢但效率特别高的生物探雷新方法。

一个过程的时间尺度往往有个常见的范围。但如果养成习惯，不依赖这个常见范围的话，那么拓展这个常见范围的工作就会变得比较容易了。

第69讲

旋转缓冲

护栏拦车车还走

　　常见的高速公路护栏,其上面的每个部件都是固定的,而且非常结实。在汽车撞到护栏时,护栏基本上能把汽车挡住,不让它翻出路面。不过,碰撞时产生的巨大冲击有时还是会造成车毁人亡的悲剧,能不能改进护栏,使碰撞造成的破坏力大幅降低呢?

　　韩国ETI公司在2016年推出了一款全新设计的公路护栏,这种护栏安装了一系列聚乙烯树脂做的缓冲器。这个设计的新奇之处在于,这些竖直安装的圆筒状缓冲器不是固定不动的,而是可以自由旋转的。当汽车撞到护栏时,缓冲器一方面会吸收一部分冲击能量;另一方面会把部分冲击能量转化为驱动缓冲器转动的力量。其结果是,汽车撞到护栏的一刹那,车不会立刻停下,而会在缓冲器的引导下,沿着护栏再往前移动一小段距离,这就避免了汽车从高速状态瞬间变成速度为零的状态,使碰撞对车内人员造成的冲击大大减小。据联邦公路管理局的专家估计,这种新型护栏可以大量减少交通事故中人员的伤亡,把事故的伤害程度降到最低。目前，ETI公司的这款护栏新产品正被大力推广使用。

传统公路护栏的设计从来不包含活动部件。但ETI公司的工程师在设计新护栏时，思维没有受到传统护栏设计的制约，首次在护栏上引进了能够灵活旋转的缓冲器，成功研发了这款"救命护栏"。

把历来固定不变的结构变成可变动的结构，有时会产生前所未闻的良好效果。

第 70 讲

水中飞舞

风筝变"水筝"

很多人小时候都玩过风筝，把连着风筝的线攥在手里，风筝就能在风的托举下，长时间停留在空中，随风飞舞。一个有趣的问题是：风筝的原理还能用到别的什么地方去吗？

瑞典明尼斯托公司的工程师还真的对此动了脑筋，尝试把风筝带到水下去，让风筝在水里"飞舞"。他们用特殊材料做成类似风筝那样的结构，找到海中有洋流的地方，把它放下去，并用缆绳拴在海底。与风筝飞在空中的情况类似，它在洋流的托举下也能一直漂在水中，由于托举它的不再是风而是水，我们也许可以称它为"水筝"。

当然，明尼斯托公司的工程师并不是为了好玩而发明水筝的，他们开发水筝的重要目的，是利用它来产生绿色能源。他们把洋流发电机挂在水筝上，靠洋流推动发电机的转子来发电。由于水的密度是空气密度的上千倍，洋流发电的效率比风力发电要高得多。也就是说，对同样的发电能力，洋流发电机的体积可以比风力发电机小很多。洋流是丰富的自然资源，例如，从墨西哥湾流向大西洋的佛罗里达洋流，如果用来发电，就能产生 2 千万千瓦的电量，这相当于十几座核电站的发电总量。欧洲能源行业的专家估计，水筝的发明将促进洋流发电的发展，扩大海洋发电在供电总量中所占的比例。

  风筝原本和发电设备毫无瓜葛，明尼斯托公司的工程师却主动借用风筝的原理，把这个概念从空中移到了水下。他们发明的水筝，给海水发电提供了一条新的途径。

  把一个概念从一个区域借用到另一个区域，是进行创新的基本方法之一。

第 71 讲

光增无阻

如何使激光更强

自 1960 年激光器问世以后，由于激光脉冲具有能量大且不易发散的优点，人们开始利用激光来构造高强度的聚焦光束。这样的超强光束有很多应用，如切割钢板、焊接材料等。为了进一步提高激光强度，人们发展了很多新技术，使激光脉冲的强度不断创造新纪录。到了 20 世纪 70 年代初期，激光脉冲的最高光强已经接近每平方厘米千万亿瓦的水平。可是，自那以后，进一步提高光强的工作却遇到了瓶颈，直到 1985 年，最高光强还是没有超过每平方厘米千万亿瓦。遭遇困难的主要原因是，要提高脉冲的光强，就需要用光放大器来增加脉冲的能量，而当脉冲能量增加到一定程度以后，激光脉冲的光强就接近了放大器所能承受的极限。如果再增加脉冲的能量，放大器就会被烧坏，所以，提高激光脉冲强度的努力不得不止步于放大器的最大承受光强。当时，全世界与此有关的研究人员都对如何打破这个瓶颈一筹莫展。

美国罗切斯特大学的杰拉德·穆鲁教授和他的研究生唐娜·斯特里克

兰在1985年采用了一个新方法来尝试突破这个光强限制。在穆鲁教授的实验室里，原来的安排是先让激光脉冲通过光放大器放大，再通过光纤传输。由于光纤的色散效应，光脉冲在光纤中传输的时候会被拉长，因此，传输以后，需要用一个脉冲压缩器把激光脉冲恢复到原来的长度。在这个实验安排中，如上所述，放大器的承受极限限制了通过放大器的最大脉冲强度。为了绕开这个限制，穆鲁和斯特里克兰把放大器和光纤的位置对调了一下。这样，尚未被放大的脉冲首先被光纤拉长，使脉冲的瞬时强度大大降低，然后，这个被拉长了的脉冲通过放大器汲取能量。由于脉冲很长，其任何时刻的瞬时强度都不足以烧坏放大器，所以，能量可以不断地加到脉冲上去。最后，这个被放大了的低强度长脉冲经压缩器变成了高强度的短脉冲，这个方法终于突破了激光强度的天花板。这项研究成果发表以后，在高强度激光领域掀起了一场革命。采用穆鲁他们发明的方法，目前人们已经能够产生每平方厘米超过一百万亿亿瓦的聚焦光束，这个强度比1985年以前的光强纪录足足高了一千万倍！由于这项贡献，穆鲁和斯特里克兰一起获得了2018年度的诺贝尔物理学奖。

穆鲁和斯特里克兰只是把实验安排中光放大器和光纤的位置对调了一下，就打破了多年来一直存在的提高激光光强的限制，他们的做法确实很漂亮！

重新调整一下现有的安排，比如把物体的位置移动一下或者对调一下，有时会带来出其不意的效果。

第72讲

追逃利器

嫌疑车辆哪里跑

在美国有不少犯罪分子十分强悍，遇到警察要求停车检查时，往往不肯乖乖投降，而是选择驾车狂奔，企图能逃脱警察的追捕，因此，警车在公路上高速追逐犯罪嫌疑人车辆的事情时有发生。这样的高速追车，对警察和犯罪嫌疑人来说都是相当危险的，有时会造成人员伤亡，并且，这样的追逐对路上其他的开车人也是一个风险，他们要是躲避不及，就会遭池鱼之殃。

为了减少这类事情的发生，弗吉尼亚州的"追星公司"开发了一种被称为"追车弹"的装置和一款发射追车弹的设备。追车弹直径大约10厘米，内部装有卫星定位器和数据发送装置。它的外壳包含一层特殊的黏性材料，当犯罪嫌疑人想要开车逃脱警察的盘查时，警车不用去追，只要向嫌犯的车辆发射一枚追车弹就行了。追车弹会牢牢地粘在嫌疑车辆的车体上，并会不断发送它的即时位置信息，这样，无论嫌疑车辆逃到哪里，它的位置都会自动显示在警方的监控系统上。警方通过协调警力，能够很容易将犯罪嫌疑人抓捕归案。目前，美国已经有五十多个城市的警察局用上了追车弹，据这些警察局反映，在使用追车弹的情况下，追捕逃逸车辆实现了零伤亡和零车损。

追星公司利用近年来不断成熟的卫星定位技术，帮助警察降低了在追逐逃逸车辆时一直存在的风险，取得了良好的社会效益。

采用新技术来解决老大难问题，是最常见的创新活动之一。因此，关注新技术，并及时把新技术用到自己感兴趣的领域内，肯定会产生更多的创新成果。

第 73 讲

手动离心

这个绝对最低价

在非洲地区，疟疾、艾滋病等传染病仍然是人们健康的严重威胁，为了让患者能得到及时治疗，基本的医疗检测手段是必不可少的。可是，很多地区的经济十分落后，没有资金购置昂贵的医疗仪器。比如，当地的医生要分析血样，就需要离心机，以便把病原体从血液中分离出来，可离心机再便宜也要 200 美元左右一台，这样的价格对穷困地区的医疗站来说依然是个沉重的负担。

有什么办法可以大幅降低离心机的成本呢？这是美国斯坦福大学的马努·普拉卡什教授苦苦思索的问题。后来，他终于想到了一个十分简便的方法。

他受到儿童玩具拉绳陀螺的启发，做了一个由圆形硬纸板和绳子构成的改良型拉绳陀螺。他把盛血样的玻璃管沿径向固定在圆形纸板上，随着两手把纸板两边的绳子不断拉动，纸板就会飞快地旋转起来，对玻璃管中的血样产生强大的离心力。经测试，纸板的转速最高可达到每分钟一万转以上，其产生的离心力已足以把需要的成分从血样中分离出来。

最为重要的是，这个简易离心装置的成本非常低廉，只有20美分，非洲任何地区的诊疗所都负担得起。目前，普拉卡什教授开发的这个简便医用装置，已经在非洲大地发挥积极的作用。

普拉卡什教授一心想把离心机的成本降下来，可如果只降个20%或30%，显然不能满足非洲很多地区的需要，于是，他就去琢磨怎样才能把成本一下子降低99%甚至99.9%。后来，他终于在玩具陀螺的启发下，开发出了这款成本低得出奇的离心装置。

在需要对某个事物进行改进时，是循序渐进还是跳跃式前进，是两个不同的选项。最好的策略是把两个选项都加以分析，看看哪个更符合要求。

第 74 讲

卡车运数

光纤传输不如它

人类用于传递信息的媒介一直在不断进步，传递信息的速度一直在不断提高，传递信息的容量也一直在不断增长。早年间，传递信息用的媒介是铜线，一对铜线每秒能传几千个字节。后来使用同轴电缆，一根电缆每秒能传几百万个字节，传输速度比以前提高了几千倍。再后来又用上了光纤，一对光纤每秒能传几百亿个字节，传输速度又增加了几万倍。随着互联网的蓬勃发展，人们对数据传输系统的要求越来越高，如何进一步提高数据传输的速度和容量呢？一个现成的方案是安装巨量的光纤线路，但这是一个费用十分高昂的做法。另一个方案是寻找比光纤还要先进的传输媒介，但现在这方面还看不出什么眉目。那么，什么是后光纤时代容量大、经济性又好的数据传输手段呢？

2016 年 12 月，电商巨头亚马逊的网络总裁在拉斯维加斯召开的客户年会上，向众人介绍亚马逊将要使用的全新的数据传输"媒介"。这个传输"媒介"能够在短时间内将十亿亿个字节的数据从一个地方"传输"到另一个地方，而且还非常经济。这么大容量的数据如果用光纤来传输的话，至少需要几千条线路，费用肯定不低，那么，这个新的传输媒介到底是什么？出乎大家的意料，当幕布揭开时，出现在众人眼前的竟然是一辆十八轮大卡车。原来这就是亚马逊即将用于数据传输的新式秘密武器，它上面安装了巨大的数据存储器。亚马逊表示，用这个非常传统的运输方法来运送数据，成本比用光纤要低得多，速度也快得多。

亚马逊的工程师在寻找速度更快容量更大的数据传输媒介时，并没有把寻找的对象局限于比光纤更为先进的传输材料上，而是对任何传输方式，哪怕是粗笨的卡车运输方式，也持开放的态度，这是十分难能可贵的。

在寻找问题的解决方案时，最好能充分考虑各种各样的可能性。即使对那些其他人不屑一顾的老旧方案，也要保持开放的态度，这么做，就能发现容易被人漏掉的好做法。

第75讲

土豆金贵

你们不能种植它

其貌不扬的土豆,原本生长在南美洲的安第斯山脉,后来,到美洲探险的航海家把它带到了欧洲。欧洲各国的国王很快就意识到这种新来的作物是抵御饥荒的好东西,于是,纷纷鼓励自己的国民引种土豆。可是,欧洲的农民从来没有见过这种不需要种子就能繁殖的植物,总觉得它身上有股邪气,因此基本上对它敬而远之。为了让农民种土豆,各国国王想了不少办法,软的硬的都有,比如,奥地利国王就曾经下令,抗拒种植土豆者,将受到割掉耳朵的惩罚。

法国没有颁布有关土豆种植方面的严刑峻法,因此,到了18世纪中叶,在其他欧洲国家的农民都已经种上土豆的情况下,土豆在法国仍然不见踪影。法国国王任命营养学家安托万·帕门蒂埃专门负责土豆的引种工作。帕门蒂埃是土豆的忠实拥趸,为了提高土豆的声望,他常给达官贵人们举办各种土豆宴,并把土豆花送给法国王后当头饰。不过,尽管他使尽浑身解数,法国农民还是不肯种植土豆。该怎么办呢?

1787年，帕门蒂埃有了一个新主意。他跟国王要了一块巴黎近郊约0.2平方千米的土地，并向国王借了一队士兵。他把这块土地全都种上土豆，并安排士兵严密把守，不让无关的人员靠近。土地周边的农户看到这一情形，觉得很奇怪，料定这地里种的一定是十分金贵的作物，否则国王怎会派重兵把守？他们想，要是能从这块地里弄点秧苗回去种在自己地里，那就太好了。于是，农民开始贿赂士兵，请他们行个方便。其实，帕门蒂埃暗中早有交代，让士兵对偷窃行为睁一只眼闭一只眼。就这样，没过多久，当地很多农户都种起了土豆。当他们尝到了种土豆的好处以后，消息一传十、十传百，很快就在全国形成了种植土豆的风气。结果，没出十年，土豆就已经成为法国人餐桌上的主食之一，帕门蒂埃让土豆在法国落户生根的梦想终于实现了。

　　这些农户真有意思。当帕门蒂埃鼓励他们种土豆时，他们不理；当帕门蒂埃装着不让他们种土豆时，他们反而来了兴趣，这就是逆反心理的表现。可以毫不夸张地说，要是没有帕门蒂埃的逆向操作，就是到了今天，我们可能还没尝过法国炸薯条的美味！

　　逆反心理也是一种资源。巧妙地利用逆反心理，有意从相反的方向来推动事情的发展，有时比直接去推动效果更好。

第 76 讲

龙舞瓶上

画，还是不画

据说中国近代画家齐白石对自己有个要求：只画自己见过的东西，做一个真正的写实派画家。

可有一次，一位属龙的商人愿意出大价钱，请齐白石给他画条龙，这个要求让齐白石很为难。接下这单生意吧，就会坏了自己定下的规矩，因为他肯定从来没有见过这种神话中的动物；不接这单生意吧，家里确实需要钱，到手的生意不做也实在可惜。齐白石思来想去，如何才能做到两全其美呢？

像齐白石这么杰出的艺术家，在运用创意思维解决问题方面一定不差，略加思索，他就有了可行的方案。于是，他爽快地接下了这单生意，商人拿到画作以后，也对作品非常满意。那么，齐白石究竟是如何避开"不守诺言"这个陷阱的呢？

原来，他在创作这幅作品时，先在纸上画了一个大花瓶，然后在花瓶上画了一条龙。因为花瓶是很常见的物品，因此，齐白石可以声称自己没有违背诺言，他只是画了一个见过的花瓶而已。至于花瓶上有什么图案，那不是他能控制的事情。

　　齐白石的思路很有意思。他大概想说，对任何东西，不见得只能把它看作只有一个层次，而是可以把它看作一个富有层次的东西。在齐白石看来，他的这幅画作至少有两个层次：花瓶是一个层次，花瓶上的图案是另一个层次，他的诺言只对画作的第一个层次负责。至于其他层次上出现他没有见过的东西，跟他的诺言无关。

　　有时可以把思考对象有意分成多个层次来看待，这样就能看到不同层次上的不同内容。这对增加问题分析的丰富性十分有益。

第 77 讲

奔向伙伴

马不听话怎么办

据说李安导演在拍摄电影《卧虎藏龙》时，需要一组章子怡饰演的玉娇龙策马飞奔的镜头。这组镜头时间不长，总共不到 20 秒，可拍摄这组镜头的时候，一连拍了多遍，李安仍不满意，主要原因是李安嫌这马跑的轨迹不够直。但是，马又不是人，它怎会懂得人的心思呢？因此，尽管导演和演员都很着急，这匹马依然我行我素，看来，那天要拍到让李安满意的镜头是没戏了。

李安拍这部电影用的马都是向素有"影视马王"之称的孙文瑞租用的。看到李安的困境，孙文瑞站了出来，说他有办法让马跑直线。他让驯马师牵来几匹马，让它们站在章子怡所骑的马要跑的路线前方。当李安发出"开拍"的指令后，章子怡一抖缰绳，她骑的马就像离弦之箭往前飞奔而去，留下的足迹完全是一条直线。李安对这组镜头非常满意，以前遇到的困境一下子就烟消云散了。

孙文瑞深谙马的习性，知道章子怡骑的马在看到前面有自己的同伴时，就会心无旁骛地向前飞奔，再也不会东张西望。因此，他想出了这么一个巧妙的安排，帮李安解决了这个难题。

其实，世界上万事万物的天性也是一种宝贵的资源。在遇到困难时若能主动想到去利用这类资源，也许解决难题的良方就已经触手可及。

第78讲

背上珍品

这才是她们的心爱之物

1150年，德国温斯贝格城堡的韦尔夫公爵和德国国王康拉德三世翻了脸。德王对韦尔夫公爵很生气，亲自带着军队去温斯贝格城堡讨伐这名背叛者。

德王的军队包围了城堡，要求公爵出城投降，可是公爵带领全城军民就是不降。双方僵持了几个星期，德王渐渐失去了耐心，最后，他向公爵发出了最后通牒：如果今天午夜以前投降，他会赦免城里的女人和孩子；如果到时还不投降，他就要放火攻城，到时候城里的男女老幼将无人幸免。

公爵面临艰难的抉择，要么全城的男人都被杀死，要么全城所有人都被杀死。哪个选项都是他所无法承受的。因此，他迟迟没有回复德王的最后通牒。眼看午夜将至，城内还没有传来任何消息，德王准备下令攻城。

就在这时，城内来了一位信使，给德王送来了一封信函。德王打开一看，原来此信是公爵夫人乌塔写来的。信中说道，公爵对于德王的冒犯是不可饶恕的，她请求德王看在上帝的分上，放过城里的妇女和儿童。如果德王同意的话，她将带领城里的女人和孩子在第二天拂晓时分离开城堡。在信的最后，公爵夫人还附带提了一个小小的请求，她求德王恩准，当城里的妇女离开的时候，让她们带走自己心爱的东西，东西的多少以她们背得动的分量为限。作为一名绅士，德王爽快地答应了乌塔的请求。

第二天天刚亮，城门慢慢地被城堡里的人打开了，妇女和儿童一个接一个缓缓地走出城来。不过，德王的士兵马上发现，这些妇女背上背的根本不是什么东西，而是男人。她们有的背着丈夫，有的背着兄弟，有的背着邻居，正一步一步艰难地往前挪动。而女人背上的男人，都羞愧地低下了头。德王的士兵发觉受了欺骗，非常愤怒，都拔出了刺刀，准备攻击城里出来的男女，可德王制止了他们。既然他已经答应了乌塔的请求，就不能食言。经过这个事件以后，公爵感谢德王的不杀之恩，与德王重归于好。

平常的时候，男人绝不是什么物件。但是在这生死关头，乌塔把男人称为女人"心爱的东西"，从而拯救了全城人的性命。

事物的属性，在特殊情况下可以和平时有所不同。一件事物平时不具有某个属性，并不说明它在任何情况下都不会具有这个属性，所以，在界定事物的属性时，不可过分死板。

第 79 讲

吻痕邮票

情人节的新花样

2015年初，荷兰邮政公司的管理层突发奇想，准备采取一个措施，让全国的有情人在这一年度过一个特别难忘的情人节。邮政公司发布公告向全国民众承诺，如果他们在本年的情人节互寄情人节贺卡的话，卡上不用贴邮票，寄卡人所要做的是给自己的嘴唇抹上口红，然后在原来应该贴邮票的地方印上一个吻痕就行了。邮政公司还贴心地说明，各地邮局检信机器的软件都已经得到更新，它们会在相关的日子里把鲜红的吻痕当作邮票，将情人节贺卡一路放行。荷兰邮政公司这一别出心裁的举动，让这一年50多万邮寄情人卡的民众感觉特别暖心，也使他们对远方情人的爱意变得更浓。

寄贺卡贴邮票是邮政局从来没有改变过的规定，对于这类长期稳定不变的事物，大概很少会有人想到要去玩些新花样，作些改变。荷兰邮政公司推出的这个把吻痕当邮票的措施，说明即使如寄信贴邮票这种似乎亘古不变的事情，只要有创新的意愿，照样可以想出既新奇又受人欢迎的做法。

其实，看似一成不变的事物很多都是可以改变的。比如，用一个新的元素来代替某个固定元素就是实现这类改变的途径之一。

第80讲

风电上天

可移动绿色能源

　　说到风电,人们想到的就是巨大的风电塔和塔顶缓缓旋转的扇叶。这样的风电装置在给人们带来绿色能源的同时,也带来了一些问题。比如,风叶对鸟类会造成伤害,风电塔对景观会有一定的影响。设想一下,要是在美丽的海滩附近突然出现了一排钢筋水泥建的风电塔,多少有些煞风景。能否设计一种新的风电设备以消除这些缺点呢?这正是美国麻省理工学院的大学生本·格拉斯经常琢磨的问题。

　　2010年,已经从麻省理工毕业的格拉斯和他的校友亚当·雷恩在波士顿创办了阿尔泰罗斯能源公司,专注于新型风电设备的开发。公司研发团队的主要目标是取消粗笨的风电塔,把风力发电机悬在空中。他们设计了一个巨大的氦气球,气球的形状有点儿像甜甜圈,中间部分是空的,风力发电机就固定在这个"甜甜圈"的中央。该风电设备在使用的时候,气球会升到几百米的高空,让发电机迎风发电,发电机产生的电能通过固定在气球缆绳上的电缆传到地面,向电网供电。高空悬浮风力发电有很多好处，比如，这样的发电形式机动性很好，发电机不需要固定在某个地方运行。而且，高空的风速更稳定，产生的电流更平稳，另外，风叶对鸟类的伤害也很小。目前，这款新型风电设备已经在阿拉斯加州实现了试运行。同行评估，这类新型风力发电设备在不久的将来会在绿色能源市场上占有一席之地。

大学生格拉斯的一个小小的想法，把风力发电机从风电塔顶端移到氦气球中央，就催生了阿尔泰罗斯能源公司，迎来了高空风力发电设备的问世。

可以多想想把某个事物的位置作出改变，从一个区域迁移到另一个区域，看能不能成就一个新事物。

第 81 讲

生物导航

找到位置细胞以后

自古以来,人们一直不了解动物是如何认路的,比如老鼠,它们的大脑里好像有个天然的导航系统,让它们知道自己处在什么方位。1971年,伦敦大学的约翰·奥基夫博士通过实验发现,在老鼠大脑的海马体内确实存在用于定位的细胞,当老鼠在笼子里爬过不同的位置时,与此位置相对应的神经细胞就会发出电脉冲,显示大脑能够感知这个空间位置。奥基夫称这些细胞为"位置细胞",此发现是这方面研究的重大突破,位置细胞的特定组合就构成了大脑中某个特定环境的"地图",让动物凭此"地图"知道自己此时此刻身在何处。

位置细胞的发现引发了大量关于该细胞如何参与空间认知和空间记忆的研究。绝大多数这类研究都集中在海马体部分,因为人们相信,由于位置细胞就在海马体内,因此此类研究也应该以海马体为主。不过,挪威科技大学的梅-布里特·莫泽和爱德华·莫泽教授夫妇却另辟蹊径,决定在紧挨着海马体的"内嗅皮层"上碰碰运气。结果,他们在该皮层内发现了与空间定位有关，但与位置细胞完全不同的"网格细胞"。这种网格细胞只有在老鼠经过特别的地点时才会发出电脉冲，而这些地点组成了完美的六边形网格。这个网格为大脑提供了一个明确的坐标系。至此，世人才明白，大脑是通过把六边形网格和位置细胞结合到一起，才拥有了完整的导航能力。由于这两项工作极为重要，奥基夫和莫泽夫妇共同获得了2014年度的诺贝尔生理学或医学奖。

在有关大脑中天然导航系统的探索过程中，特别值得称赞的是莫泽教授夫妇。当别人都把海马体作为研究重点时，他们却不随大流，而是选择把内嗅皮层作为自己的研究重心，终于发现了网格细胞。

在工作中关注冷门和关注热点其实同样重要，有时候，关注冷门甚至更加重要。

第 82 讲

水中光刻

精度升级只在一念之间

在半导体芯片制造过程中有一个非常重要的步骤,那就是光刻,在这个步骤中,光源照射模板在晶片上产生图形,把芯片的精细结构刻到晶片上去。图形的条纹宽度越窄,芯片的结构就越精细,从而使晶片上集成的电路就越多,所以,芯片厂商都在不断追求更窄的光刻条纹以生产集成度更高的芯片。由于受到光源波长和衍射极限的限制,光刻条纹精细度在过去数十年中是通过行业专家的不断努力慢慢提高的。

大约 20 世纪 90 年代,用于芯片生产的光刻技术达到了 193 纳米的最小条纹宽度。为了制造集成度更高的芯片,不少厂商开始研发 157 纳米的光刻技术,主要的思路是采用波长更短的光源。那时,中国芯片大厂台湾积体电路制造股份有限公司负责光刻技术的林本坚博士,也在琢磨如何使光刻条纹变得更细。有一天,他脑子里突然灵光一现,想到如果把晶片放到水里进行光刻,那么,其他什么都不用变,芯片的精细度就能立刻提高一个档次。这是为什么呢?这是因为,激光条纹的形成与介质的折射率有关。一直以来，光刻都是在空气中进行的。而水的折射率比空气的折射率要高得多，当光束从空气进入水中以后，就会发生折射现象，就像我们在河边观察水中游动的鱼时所发生的折射现象一样。由于折射效应会自动压缩条纹的宽度，因此，把晶片放进水里以后，照射在晶片上的条纹其精细度就可以一下子提高30%左右。林本坚马上对这个想法进行了试验，他把晶片放在水中，用现有的193纳米光刻机，居然刻出了134纳米的结构。这个光刻新办法让其他公司关于157纳米技术的开发工作立刻失去了意义，据说由于这个办法，半导体行业节省了数亿美元的研发费用。

空气的折射率比水的折射率小30%是个常识，可是光刻技术研究人员好像从来都没有注意到空气和水之间的差异，错过了利用这个差异大幅提高光刻精细度的机会。林本坚正是想到了这个差异，才发明了"水中光刻法"。

主动关注事物之间的差异，特别是那些大家还没有注意到的差异，有助于产生新方法或新事物。

第83讲

阅后即焚

读过的短信还在吗

2011年4月，美国斯坦福大学的学生埃文·斯皮格尔在上产品设计课时提出了一个手机短信软件的新设计，这个软件推送的短信，具有阅后即焚的功能。没想到，班里的同学都笑话他，说这算什么好点子。

不过，斯皮格尔并没有放弃自己的想法，不久，他就和两个朋友一起创办了色拉布公司，专门为用户提供阅后即焚的短信服务。经色拉布网站发送的短信，在接收者阅读以后，很快就会从屏幕上自动消失，不留踪影。这个短信服务推出以后，很快就受到了年轻用户的热烈欢迎，公司的业务迅猛增长。到2012年底，公司已经有了100万左右注册用户，到了2014年5月，公司每天传送的短信达到了7亿条。脸书曾经出价30亿美元想要收购色拉布，但没有成功，2017年3月，色拉布在纽约上市，当天就筹到了300亿美元的资金。斯皮格尔本人也成为世界上最年轻的富豪。

手机短信的应用软件何其多，但是怎么就没有一个短信软件开发者想到"阅后即焚"这个功能呢？这确实让人惊讶。这个现象反映的是"对称思维"的缺失。短信可以在用户的手机上出现，为什么不能从用户的手机上消失呢？"出现"和"消失"是含义上对称的两个功能。别的短信软件开发者只注重了"出现"这个功能，而没有去关注"消失"这个功能，白白把价值连城的机会拱手让给了这个二十岁刚出头的年轻人。

"对称思维"是创意思维的重要组成部分之一。在想到某个方面时，同时想想与之有对称关系的另一方面是很有益处的。

第 84 讲

芯片在内

小小零件作用大

　　1990年，计算机芯片制造公司英特尔的市场主管丹尼斯·卡特在公司高层会议上提出了一个新奇的想法，他准备要求使用英特尔处理器芯片的电脑公司在他们生产的每台电脑上都贴上一个"内有英特尔"的标签，以表明该电脑使用了英特尔处理器。这是一个大胆的提议，因为从来没有谁会把产品内一个零件的商标贴到产品上去，与会的高管们几乎都一致反对，说他的想法纯属胡闹。只有公司的联合创始人兼总裁安迪·格罗夫敏锐地觉察到这是一个不错的主意，他当场拍板，让卡特放手去干，尽快把这件事情做起来。

　　卡特有了格罗夫的支持，很快着手把他的想法付诸实施。由于英特尔是电脑处理器的主要供货商，因此，市场上出售的大部分电脑很快都出现了"内有英特尔"这个标签。这个标签是如此醒目，只要使用者一用电脑，准能看见。结果，这个标签让"英特尔"这个牌子声名远播，变得家喻户晓。设想，要是没有这个标签，对技术并不熟悉的广大消费者，怎会了解自己电脑里的处理器是英特尔公司的产品呢？这个品牌效应大大提升了英特尔在消费市场的声誉，使"内有英特尔"被公认为有史以来最有影响力的商标之一。

当初那些反对卡特的高管其实并没有错。英特尔芯片只是电脑中的一个零件，一般来说，谁会把一个零件的商标贴到使用这个零件的商品上去呢？只是他们没有想到，时代变了，电脑完全不是传统意义上的商品。英特尔处理器虽然只是电脑中的一个零件，但它却是最重要的零件，电脑性能的好坏完全依赖于这个零件。因此，在电脑成品上隆重宣传英特尔芯片是非常顺理成章的事情。卡特正是看到了这一点，才想出了这么一个非常有前瞻性的宣传企划案。

积极关注事物随时代发生的变化，看看变化带来的新现象，就容易抓住由于变化而出现的新机会。

第85讲

相片白用

不仅不付钱，反而伸手要钱

美国历史上有两个罗斯福总统，一个叫西奥多·罗斯福，人称老罗斯福；另一个叫富兰克林·罗斯福，人称小罗斯福，下面是老罗斯福的一个故事。

1912年，卸任已经三年多的老罗斯福准备再次出山，竞选总统。正当他的竞选团队开始大选前的最后一场全国巡回拉票活动时，工作人员突然发现，印好的几百万份宣传小册子上所用的罗斯福照片有版权问题。这张照片的版权属于芝加哥的莫菲特工作室，团队之前没有征得工作室的同意就用了照片，现在作为补救措施，似乎只有赶紧和莫菲特联系，看看要付多少版权费才能把这件事情摆平。

工作人员粗算了一下，发现这版权费还不是个小数目，这笔开销肯定会让本不宽裕的竞选经费雪上加霜。工作人员实在想不出更好的解决办法，只好赶紧向竞选经理乔治·帕金斯汇报。帕金斯了解了情况以后，不慌不忙，向手下口述了一封给莫菲特的电报，大意是，罗斯福总统的竞选团队准备选一张总统肖像用在宣传小册子上，这对于肖像摄影师的工作室是个难得的宣传机会。如果我们选用您工作室拍摄的照片放在小册子上，您愿意为这个机会支付多少费用？请尽快回复。莫菲特收到电报以后，很快就发来了回电，他表示愿意为这个难得的机会付250美元。帕金斯一刻也没耽搁，马上同意了莫菲特的提议。结果，竞选团队不仅版权费分文没付，而且还小赚了一笔。

帕金斯的行为显示了良好的对称思考能力。按照常规思路，这件事肯定是罗斯福一方付钱了事。可他想到在小册子上使用这张照片不仅竞选团队受益，莫菲特工作室也会受益，谁该给谁付钱还两说呢。果然，莫菲特看到了竞选活动对自己工作室的广告效应，不仅免了照片的版权费，还愿意额外给竞选团队付一笔费用。帕金斯解决问题的能力简直是逆天了。

在遇到难以解决的紧迫问题时，也许不必急急忙忙采取最容易想到的方案，而是可以用创意思维的原理去检查一下，说不定还有更好的解决方案。

第 86 讲

公平奖赏

更平衡的创新激励制度

很多公司都有专门的制度,奖励申请发明专利的员工,这样的制度对提高员工的创新积极性有一定的帮助。不过,很多发明专利的灵感是由问题触发的,遗憾的是,这样的奖励制度并不奖赏那些提出问题的人。事实上,看到问题以后思考解决问题的新方法是创造发明活动的主要内容,如果没有看到问题,发明者的很多创新成果就无从谈起。

然而,在任何公司,积极投身创新活动的员工人数并不多,即使那些被称为最具创新力的公司,这部分员工的占比也只有百分之一左右。大多数员工,不见得会积极参与创新活动,但完全可以是积极的问题观察者,如果有机制能鼓励广大员工把观察到的问题有效地传达给创新积极分子,对公司的成长肯定是有利的。

为了鼓励员工提交问题而促进创新,美国威瑞森通信公司的创新工作者提出了"对称创新奖励系统"的概念。这个系统的重点是公司不仅会奖励申请发明专利的员工,也会奖励那些最初报告问题,从而促进专利形成的员工。这个系统对"问题发现者"和"方案提供者"一视同仁，因此它是一个对称的系统，有了这个系统，广大员工就会积极地报告看到的问题。而公司可以把这些问题汇总起来，由创新力特别旺盛的员工来寻找解决方案，这么做，公司的总体创新效率必然会大幅提高。

看来，对称思维不仅有助于解决公司员工工作中的难题，而且对创新奖励系统本身也是有帮助的。

遇到事情，始终不忘对称地去思考，这恐怕是锻炼创意思维的基本功课之一。

第87讲

声音可见

帮助听觉有眼镜

据世界卫生组织估计，全世界约有5%的人口，也就是大约3.5亿人，在听力方面存在障碍。听力问题对一个人的生活有不小的影响，因为对视野之外的区域，人们主要依赖听觉来获得信息。如果听力不好，就容易忽视重要的声音信号，比如别人的提醒或警报器发出的声音，这会带来一定程度的安全风险。如何才能使听觉不佳者避免这样的风险呢？

新加坡技术和设计大学的学生帕韦森·帕基亚纳森和几个同学发明了一款新型眼镜，来帮助听力有问题的人。他们在眼镜的四角安装了微型话筒，又在镜框上装上了多个发光二极管。当使用者戴上这副眼镜以后，每当话筒探测到来自某个方向的声音时，指示那个方向的发光二极管就会亮起来，告诉使用者哪个方向有声音。他们还设计了特殊的算法，过滤周围环境的背景噪音，使眼镜发出的指示更准确。这副眼镜还能根据声音的特性开启不同的发光模式，帮助使用者分辨不同的声音来源。这是世界上首款能让听力患者"看到"声音的眼镜，而这项发明也获得了詹姆斯·戴森工程设计奖。预计在不久的将来，它就会造福听觉有障碍的人群。

听觉和视觉是人体感觉系统的两个维度。帕基亚纳森的研发团队想到了可以在视觉维度和听觉维度的关系上做文章，让视觉功能来补偿听觉功能的缺陷，从而研发出了这款有专门用途的发光眼镜。

在不同的维度之间，可以建立新的联系。并在有需要时，让一个维度的特性去影响另一个维度的特性。

第88讲

只踢三下

你想回击？ 没门

有个流传很广的笑话，其中的道理挺有意思。说的是美国纽约城里有个律师来到南卡罗来纳州的乡下打猎，当时，一只野鸭正好从他头上飞过，他"啪"的一枪就把它打了下来。不过不巧的是，鸭子落在了一户农家的后院。

正当律师准备翻过后院的围墙去捡鸭子的时候，房子里走出来一位农夫。农夫对律师说，你不能翻墙进来，因为后院是私人土地，外人不得擅自闯入。至于鸭子，落到谁家就是谁的。律师听了农夫的话挺来气，心想哪有这么不讲理的人，于是他对农夫说，我要跟你打官司。

农夫说，这点小事咱就不用麻烦法院了，可以用我们乡下的土办法"踢三下法"来解决。律师不明白这个"踢三下法"是怎么回事，就请教农夫。农夫耐心地解释说："我们这边邻里之间有了纠纷，常用此法。比如今天这个事，要解决你我之间的纠纷，就可以考虑用一用它。具体做法是，我先踢你三下，你也踢我三下，我再踢你三下，你再踢我三下，如此这般，互相轮流踢对方，直到某一方认输为止。"律师听了，觉得此法甚好。因为他想自己膀大腰圆，而农夫就一小身板，要是两人互踢，吃亏的肯定不是自己。于是他爽快地接受了农夫的提议。

按照约定，农夫先踢，只见他铆足了劲，对着律师的屁股狠狠地踢了三脚。律师痛得龇牙咧嘴，差点没趴下，但他想到马上可以狠狠地踢回去，心里就舒坦了许多。正当律师美滋滋地遐想着如何狠狠地把农夫踢翻在地，听他求饶时，突然听到农夫向他宣布："我认输，你现在可以去我家后院捡你的鸭子了！"

农夫的聪明之处在于，在和律师斗智的过程中，出其不意地突然终止了这个互相伤害的过程，让律师占他便宜的企图落了空。

当一个事情呈现出某种规律性的时候，如果有意突然偏离这个规律或终止这个规律，常常会产生意想不到的效果。

第89讲

基因未短

遗传为何没有退化

任何细胞要传宗接代，就需要复制基因，产生新的细胞。基因是一个双链结构，在复制时，这个双链会裂开成为两条单链，然后生物酶会分别帮助每条单链配上另一半，形成两个新的、完整的双链基因。

不过，对于基因复制，在很长一段时间内，有个谜团一直困扰着研究者。大家早就知道，在基因复制的过程中，双链结构裂开以后，两条单链都需要按照原有单链的结构配置同样长度的另一半。其中一条单链的配置没有任何问题，而另一条单链在配置时，由于是逆向配置，新的单链在生成以后，它的开头部分会被生物酶切掉一小段。按照这个道理，新的单链就会比原来的单链短一些，这就导致产生的新基因比原来的基因短一截。如果真是这样，那么随着细胞的不断更新换代，基因不断复制，基因就会越来越短，细胞就会不断退化，这显然不符合人们观察到的结果。事实上，细胞在复制过程中并没有退化。一方面，新单链必然会被切掉一小段是一个事实；另一方面，新基因并不比原来的基因更短也是一个事实。怎样才能理解这两个互相矛盾的事实呢？几乎所有的研究者都对这个问题百思不得其解。

后来，还是美国加利福尼亚大学伯克利分校的伊丽莎白·布莱克本教授、卡洛尔·格雷德博士以及哈佛大学的杰克·索佐斯塔克博士弄清了其中的原委。原来，在配置那条有问题的新单链时，生物酶会在原单链的端部临时加上一段普通的单链，其目的就是把原来的单链先变长一些，因此，配置好的新单链也会比应有的长度更长一些。这样，当配好的新单链被生物酶切掉一小段以后，就会变得和原来的单链正好一样长。所以，复制好的基因长度还是和以前一样，没有变化。由于这个发现，三位研究者共同获得了2009年度的诺贝尔生理学或医学奖。

谁也没有想到，自然界在基因复制的过程中玩了一把"先加一段再减一段"的把戏，也就是说进行了"一正一负"的操作。

"一正一负"的操作很有用处。虽然两个操作的效应往往互相抵消，但它们常会产生额外的效果，所以，在创新活动中，也可以试试"一正一负"这个自成一对的操作。

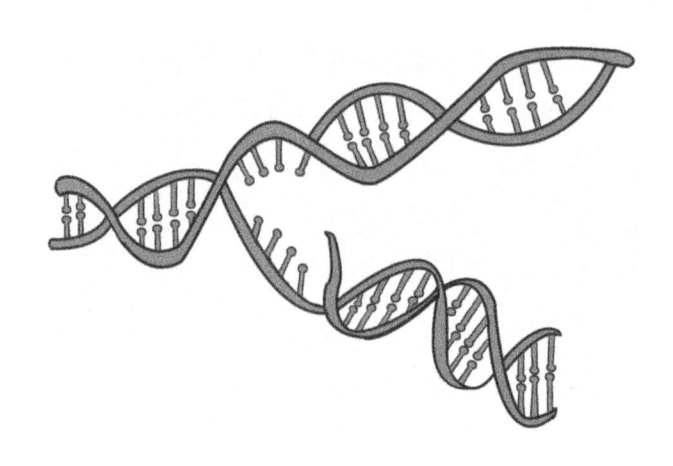

第 90 讲

反馈全优

保证顾客说满意

李·艾科卡是汽车行业的传奇人物,曾担任过福特和克莱斯勒两大汽车公司的总裁。在他的自传中,提到过他年轻时从一位前辈身上学到的商业技巧。

那是20世纪40年代后期,他在费城的一家福特汽车专卖店当推销员,店里的销售经理默里·凯斯特的客户售后意见调查让年轻的艾科卡大开眼界。对凡是在他手里买车的顾客,凯斯特通常会在一个月后给他们打电话,询问对所买汽车的评价。这是店里对每个推销员的要求,其目的是收集顾客的反馈意见,以改进店里的工作。但和其他推销员不同的是,凯斯特往往不问买车的顾客对车有什么看法,而是问顾客的亲友是否喜欢他新买的车。对他的问题,顾客的反应几乎是一致的,他们会说,"我的朋友和亲戚都说这辆车很棒!"而这正是凯斯特最想从顾客那里听到的话。当然,事实不可能这么理想,可能由于面子的关系,顾客在凯斯特面前很少愿意承认自己的亲友对他买的车有任何负面的看法,所以凯斯特听到的顾客反馈意见基本上都是好话。当然，凯斯特不傻，他能从顾客的口气里听出是真心还是假意，如果顾客说的是真话，凯斯特就会顺势要来顾客亲友的姓名和电话，作为他潜在的推销对象。

其他推销员在售后跟进时，通常只会问一下顾客本人对所买汽车的满意度，而不会想到去了解其他人的反应。凯斯特却没把了解反馈意见的对象只局限于顾客本人，而是让这个范围也包含了顾客的亲朋好友。

把考虑对象的范围尽量扩展，就能把更多的人或事物包括进来，从而得到更多使工作效果更好的机会。

第91讲

进化飞快

提高催化效率有高招

达尔文的进化论和现代的分子生物学使人们了解到，生物的进化主要是基因突变加上自然选择造成的。不过在自然界中，基因自发突变的概率很小，而且自然选择的影响也很微弱，因此，要完成一个明显的进化过程往往需要非常长的时间，比如，人类的进化就用了上千万年。

为了某些特定的需求，能不能大幅提高进化速度，让漫长的进化过程在很短的时间内完成呢？这是美国加利福尼亚理工学院的佛朗西丝·阿诺德教授探索的方向。她在20世纪90年代发明了一种十分有效的加速进化过程的方法，并首次在实验中取得了成功。

阿诺德研究的对象是产生某种生物酶的细菌，这种酶是生产某类化工产品所需要的催化剂。酶的催化效率直接和化工产品的生产效率有关，因此，提高酶的催化效率具有十分重要的现实意义。阿诺德的目的就是要让这种细菌快速进化，并使其产生的酶在代代相传的过程中具有越来越高的催化效率。具体来说，她是怎么做的呢？

她先制备大量构建这种酶所需要的基因，并人为诱导这些基因发生随机突变，造成这些基因每个都稍有不同。然后，把这些基因植入细菌体内，让细菌按照植入基因的编码产生酶。随后，测量新产生的酶的催化效率，把具有最高催化效率的基因留下，其他的基因一概丢弃。最后，大量复制留下的基因，再次诱导随机突变，并重复上述筛选步骤。这个过程一直重复下去，直到对酶的催化效率满意为止。她用这个办法使这种酶的催化效率在短短的几个星期之内提高了数百倍，显然，要是等待自然进化来达到这么显著的改进，不知需要多长时间。

　　简而言之，阿诺德通过人工诱导，大大提高了基因突变的概率；并通过人工选择，大大增强了对进化的影响。其结果是进化的速度有了极大的提高，由于这项成果，阿诺德获得了2018年度的诺贝尔化学奖。

　　阿诺德的思路很有意思。在自然界一个生物体发生明显的进化一般都要经过漫长的时间，而她却敢于尝试在几周之内实现它。这么大的时间尺度压缩，没有强烈的创新思维是想都不敢想的。以前的研究者没有这么做并不是因为他们做不到，而是因为他们没有这样去想。要是他们想到基因突变的概率可以大幅提高，对进化的影响也可以大大加强，那么，他们也完全可以和阿诺德做得一样好，因为，阿诺德所做的那些具体步骤不过是普通的生物实验操作而已。

　　有时候，可以考虑将漫长的过程大幅度地压缩以提高效率。这样的进步，想到了就有可能，但没有去想就永远不会发生。

第 92 讲

再写一回

秘密信息风吹云散

如果想把秘密信息隐藏在一张普普通通的照片里而不让人发现,图片隐写技术是最有效的工具之一。在数码时代,电子版图片的每个像素都是由代表三原色明暗程度的三个字节来表示的,图片隐写技术就是利用字节中的"最低有效位元"来作为秘密信息的载体。

具体来说,一个字节有八个位元,而最后一两个位元对这个字节大小的贡献是很小的。举例来说,对于图片上代表某个像素的三个字节中的一个,如果只改变它最后一个位元的值,那么这个像素的颜色大约只会改变百万分之一。这么小的颜色变化是很难被人察觉的,于是,有心人士就会利用像素字节的最后一两个位元来给秘密信息编码,使图片成为秘密信息的载体。这个图片隐写技术给各公司的信息安全部门造成了很大的困扰,因为,如果有人把内部的机密信息用这个技术写入一张图片然后用邮件发送出去的话,公司的信息安全部门不仅不能解读其中隐含的秘密信息,甚至连它是否包含秘密信息也无法判断。如何才能克服图片隐写技术对数据安全造成的威胁呢？各路信息安全高手似乎都没有对策。

没想到，这个难题在2006年被一个大学生轻松地解决了。基斯·贝托里诺是美国西北大学四年级的学生，针对图片隐写技术造成的信息安全问题，他提出了一个"以毒攻毒"的方案。他认识到，既然改动字节的最后一两个位元对照片的内容没有明显的影响，那么对任何被邮件发送到外面去的图片，不管它是否藏有敏感资料，公司的信息安全部门都可以把像素字节的最后一两个位元随机改写一下再转发出去。其造成的结果是，如果图片中藏有秘密资料，那么经过改写，资料的信息就被完全破坏了；如果图片中不含秘密资料，那么这个改写对图片质量也不会造成大的影响，这个办法实际上就是用隐写技术来破坏隐写技术的效果。贝托里诺发明的这个办法受到了广泛的关注，目前他创办的以这个发明为基础的信息安全公司正在为各类客户服务。

图片隐写技术似乎是被人们专门用来对付信息安全部门的，但其实也可以被用来对付使用它的人。贝托里诺正是看到了这一点，才想出了这个既简单又好用的新办法。

当一个事物对其他事物产生作用时，往往这个事物本身也可以成为这个作用的对象。了解了这一点，就不会错过让作用者作用于自身的机会。

第 93 讲

车头朝下

停车新位形

城市交通问题除了时常堵车，就应该是停车难了。城市的停车位好像总是不够，这也难怪，因为每辆汽车都需要不小的停车面积。

为了建设绿色城市并解决城市停车难的问题，美国麻省理工学院的威廉·米切尔教授带领他的团队，在 21 世纪初研发了一款适用于城市交通的电动车。这款两人座电动车的设计十分独特，它没有传统的引擎和机械传动结构，汽车的动力完全由安装在车轮中的电动机提供，每个车轮都能转向 90 度以上，可以让车体实现横移，即使很窄的停车位置也能挤进去。而且，这款汽车在停车时的体位设计也很巧妙，停车时，电动车的后轮会往前移动，使车厢竖起，车头朝下，这样，整辆车停车时所占的面积比传统的汽车停车面积小得多。城市中一个普通停车位的面积，可以停下 3~4 辆这样的电动车。显然，这款电动车的问世对解决城市停车难的问题会有不小的帮助。

米切尔的团队放弃了传统的汽车水平停车方式，把他们研发的电动车改为垂直停放，大大节省了所需的停车面积。水平方向和垂直方向是两个空间维度，米切尔所做的无非就是把车头朝前的停车模式改成了车头朝下的停车模式而已。

在解决问题时，有时可以考虑舍弃某个事物原本涉及的维度，而代之以一个全新的维度。

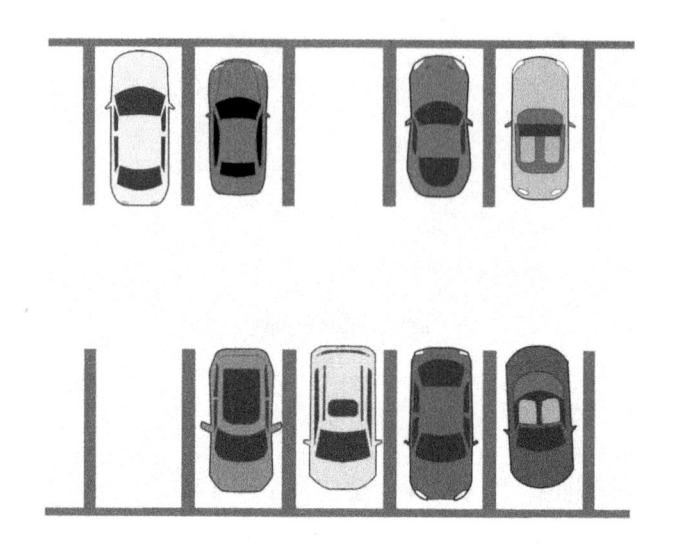

第 94 讲

鸟粪压车

个头虽小强度高

　　2012 年，推特上人气很高的网红克莱顿·霍夫发了条推文，说他那天看到有只鸟停在一辆斯玛特汽车顶上拉了一泡屎，那辆车就直接塌掉了。这显然是一句夸张的玩笑话，霍夫是在讽刺斯玛特汽车的结构过于单薄，不够结实。没错，斯玛特汽车属于微型车，小巧玲珑，当然没有大车来得硬实，但也不至于一泡鸟屎就把它压塌了。不过玩笑归玩笑，人气网红说这样的话对斯玛特汽车的声誉多多少少还是有些负面影响，作为被讽刺的对象，斯玛特公司该如何回应霍夫的推文呢？

　　这个任务落到了斯玛特公司社交媒体部门总监艾瑞克·安杰罗洛的头上。他没有发表声明去批评这位网红乱说话损害斯玛特公司的利益，而是借力打力，从分析霍夫推文的内容出发，具体估算了一下到底需要多少鸟粪才能把一辆斯玛特汽车压垮。他选择鸽子作为研究对象，专门派人到农村去调查鸽粪的平均重量，然后再结合斯玛特汽车的结构强度，计算出要让一辆斯玛特汽车散架，至少需要 450 万份鸽粪。安杰罗洛把这个计算结果及其计算过程都放到了网上，作为对霍夫推文的正式回应。这个有趣的结果吸引了大量网民围观，大家从来没有见过从这么奇特的角度来评估一辆车的坚固程度。这个回复不仅消除了霍夫推文造成的负面效果，而且还成了一次完美的公关活动，使许多原来没听说过斯玛特汽车的人认识了这个品牌。安杰罗团队对这件事情的处理得到了人们的称赞，就连霍夫本人也承认，这个团队的人真的很聪明，他是心服口也服。

面对网红对自家品牌的奚落，安杰罗决定用展示事实来作为反驳，取得了非常好的效果。

很多时候，让事实说话，是解决问题的最佳捷径，因为，直接呈现事实比任何辩解都更有说服力。

第 95 讲

超速克星

司机一见就小心

曾经有段时间洛杉矶开车超速的人特别多，警察简直是抓不胜抓，要彻底解决这个问题，唯一的办法似乎就是招募更多的警察，开着警车尽量在路上巡逻，以震慑超速者。但是，警察的人员费用很高，洛杉矶市政府财政捉襟见肘，没有余钱来为治理交通而雇用更多的警员。如何解决这个超速问题呢？警察局长发动手下开动脑筋，寻找可行的方案。

有位警员提出了一个建议，大家感到茅塞顿开。他的想法是让警察局花很少的钱，雇用平民作为临时工开着闲置的警车到街上不停转悠。因为很多时候，驾车人只要远远看到路上有辆警车，就会乖乖地把车速降到限速之内，而很少会去关注开警车的人是谁。用这个办法就能以很小的代价，换来驾车人遵守速度限制的效果。从长远看，即使驾车人慢慢知道了警察局的这个计策，也不敢大意，因为路上仍然有很多由真警察开的警车，如果他们超速的话，遇到这样的警车，还是会有麻烦。洛杉矶警察局在实施了这个方案以后，超速问题缓解了许多，而警察局的开支却没有增加多少。

　　提出这个方案的警员，肯定是认识到解决超速问题的关键不是多派警员，而是马路上多一些警车，因为驾车人看到警车就会变得老实一些。当他想通了这一点以后，头脑中"以平民代替警察开警车上街"的想法就自然而然地产生了。

　　在解决问题的时候，往往需要先找出解决这个问题最需要的到底是什么。去伪存真，了解了什么是最需要的，产生有效解决方案的工作就容易多了。

第 96 讲

同族相连

没有案底但有线索

有罪案发生时，警方会在犯罪现场收集犯罪嫌疑人留下的生物学物证，比如指纹、体液等，通过提取这些物证的基因信息，并和基因库中的数据进行比对，就有可能找出犯罪嫌疑人的身份信息。不过，如果嫌疑人没有案底，基因库中一般就没有有关此人的信息，因此比对工作也就无从谈起。对于追踪这样的犯罪嫌疑人，如何才能确定他们的身份信息呢？

家住美国得克萨斯州的科琳·菲茨帕特里克博士针对上述问题展开了研究。她于2002年首次提出了用基因族谱学来帮助破案，虽然基因库内可能没有与嫌犯基因特征一模一样的样本，但不排除存在嫌犯亲戚的样本。根据基因族谱学的原理，在血缘上越亲近的个体，他们的基因特征也越接近，因此，通过寻找相近的基因样本，就有可能找到嫌犯的近亲。而知道了嫌犯的近亲是谁，那么寻找嫌犯的范围就会大大缩小。菲茨帕特里克把她的方法公布以后，一开始人们并没有意识到这个方法的巨大威力，但随着时间的推移，越来越多的警察局开始用这个方法来侦查陈年旧案，并取得了很好的效果。比如，著名的"金州杀手"被抓获，就有这个方法的功劳。嫌犯约瑟夫·迪安基洛在 1976—1986 年在美国加利福尼亚州（俗称"金州"）犯下了几十起强暴杀人案，可警方一直查不出罪犯是谁。直到采用了菲茨帕特里克的基因族谱学方法，才在 2018 年将他缉捕归案。现在，菲茨帕特里克博士已被公认为现代法医族谱学的奠基人。

在菲茨帕特里克之前，人们对于基因数据库内没有收录样本的人群，好像没有办法凭基因库的数据来确定他们的身份。其实，存在血缘关系的人，他们的基因表达虽然不同，但表达之间有一定的关系。菲茨帕特里克正是通过这一层不那么明显的联系，来确认那些在基因库内尚无记录之嫌疑人的身份。

在分析事物的时候，除了需要关注事物之间明显的联系，也需要多关注事物之间那些不明显的，或者是容易被人忽视的联系，这对获得解决问题的新方案是很有帮助的。

第 97 讲

无效刺探

就是看到也徒劳

  2018 年的足球世界杯赛在莫斯科举行,在比赛前,韩国足球队在奥地利偏僻的山区租了一个场地,进行赛前强化训练。

  在小组赛中,瑞典队将与韩国队对阵,为了刺探对手的训练情况,瑞典队的助理教练花了点工夫,找到了韩国队的训练营地。他在附近租了一所房子,通过房子的窗户,他可以俯瞰韩国队的训练场地。这位助理教练通过望远镜把韩国队的训练活动尽收眼底,看来,韩国队的比赛策略对他来说再也没有什么秘密可言。

  韩国队的教练申台龙料到这样的情况有可能发生,因此早有防备,他采取了一个不同寻常的措施,最终让这位助理教练好梦成空。

  申台龙的办法十分简单。在训练时,他让队员不停换穿不同的球衣,使每个队员没有固定的球衣号码,比如,球队的头号球星孙兴慜,在一次训练中就有可能换四件不同号码的球衣。这样频繁地换号码,对队员来说不会造成什么困扰,因为他们互相之间很熟悉,根本不需要靠号码来认人。但对瑞典队助理教练来说，这一情况就给他出了个难题。他实在分不清场上谁在担任什么角色，因为没有球衣号码的帮助，他很难凭脸部特征来记住每个队员谁是谁。结果，他精心准备的努力竹篮打水一场空。

　　申台龙教练对付这位助理教练的策略源自他的一个观察。他注意到欧洲人对亚洲人脸部的识别能力比亚洲人差多了，因此，他断定偷看者很难凭长相来区分他的队员。于是，他利用了这个脸部的识别能力的差异，采取频繁换球衣的办法，化解了对手的不良企图。

　　注重了解事物之间的差异，特别是那些常被人忽视的差异，是十分重要的。很多时候，只有看到了差异，才能巧妙地利用这些差异来为有意义的目标服务。

第98讲

刀叉一副

不懂礼仪有何难

俄国人鲍里斯·舒米亚茨基生于1886年,他从小家里很穷,几乎没有上过学,后来,他加入了俄国社会民主工党,成为其中重要的一员。1923年,他被新成立的苏联政府任命为驻波斯公使,虽然他成了高官,但过去的贫穷生活决定了他对上流社会的生活习俗仍然很陌生。

有一次,波斯政府举行宴会,招待各国使节,舒米亚茨基自然也在受邀之列。在宴会桌前就座以后,看着自己面前桌子上摆放得整整齐齐的十几把刀叉,舒米亚茨基完全没有概念,不知道哪道菜该用哪把刀、哪把叉。因为自己缺乏就餐礼仪方面的知识,他十分担心,要是在用餐时拿错了刀叉,肯定会被其他的外交官当作笑料传扬出去,这不仅是自己的面子问题,更是有关苏联国际形象的问题。该如何避免出现这样的场面呢?

舒米亚茨基略加思索,便有了主意。他叫来了侍者,让侍者留下一把刀和一把叉,把其余刀叉统统收走。这样一来,反正他只有一副刀叉,吃任何一道菜肴都必须用到它们,因此也就不会有刀叉用对用错的问题了。

同桌的外交官看到他的举动，知道这是他不得已而为之，但还是非常钦佩他的机智和聪明。

舒米亚茨基所面对的问题，其根本原因就是刀叉太多，使他分辨不清。把其他刀叉撤掉，只留下一副，就消除了产生问题的源头，于是，问题也就不复存在。

要解决任何问题，找出产生问题的源头是最要紧的一步。找出源头并清除它，任何问题解决起来就会轻松许多。

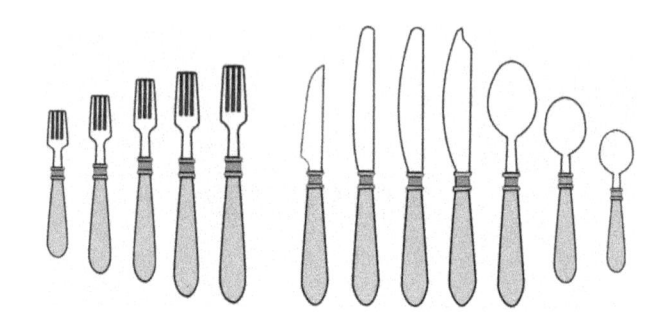

第 99 讲

一人独饮

谁来干了这杯酒

19世纪初,一位美国将军来到了墨西哥北部一位部落酋长的营地,在酋长的大帐中,将军和酋长签署了一项和平协定,以结束墨西哥北部地区与美国南部地区多年的争战。为了庆祝和平的到来,酋长建议他和将军一起喝酒庆贺,得到将军的同意以后,酋长一个手势,他美丽的女儿端着一个精美酒杯走了进来,里面是她专门为这次庆典亲手调制的鸡尾酒。

根据当地的习俗,握手言和的双方应该共同喝完这杯酒。然而,酋长和将军突然都意识到,由于文化背景的不同,将军对这个习俗并不适应,因为他从来没有和任何人用同一个酒杯喝过酒。于是,两人谁也没动那个酒杯,僵持着,不知仪式该如何进行下去。

酋长女儿看到这个尴尬场面,略略开动脑筋,就有了一个主意。只见她端起酒杯,朝两人看了看,把酒杯凑到唇边,一仰脖子,将鸡尾酒一饮而尽。她这个行动有效地解决了两人的难题,酋长和将军都松了一口气,将军更是对酋长女儿的机智表现赞不绝口。

通常来说，这杯珍贵的鸡尾酒只能由酋长和将军两人来喝，其他人都没有资格。可是，在尴尬的局面突然出现以后，酋长女儿并没有把可以喝酒的人选局限在这两人的范围之内，而是想到，在这个特殊情况下，应该可以由旁人代劳，于是她把酒杯凑到了自己的唇边。

当需要解决与人员有关的难题时，考虑常见范围之外的人选也可能是一个十分有用的策略。

第100讲

单层石墨

材料到底可以有多薄

世界上厚度最薄的材料应该是什么样的？稍有科学常识的人马上就会想到，只有一层原子的材料应该就是最薄的材料，因为归根结底，任何材料都是由原子构成的。不过，在2004年以前，不要说从来没人见过这么薄的材料，就连相信人类真能把这么薄的材料做出来的人也几乎没有。人们普遍认为，制备这么薄的材料即便有可能，也是极其困难的，因为好像没有什么可行的办法能把单个原子层从一块材料上分离出来，并将其组合成为一片单独的材料。

幸运的是，英国曼彻斯特大学的两位博士安德烈·吉姆和康斯坦丁·诺沃塞洛夫愿意向这个难题发起挑战，他们选择石墨这种材料作为研究的对象。石墨是一个层状结构，整块石墨由很多碳原子层构成，在同一层中，碳原子和碳原子的结合力很强，但不同层之间的结合力却很弱，这给层间分离带来了便利。不过，一个碳原子层的厚度非常薄，只有1/3纳米左右，任何一片石墨都包含着几万甚至几十万个原子层。如何才能把一个单原子层分离出来呢？

　　吉姆和诺沃塞洛夫想到了一个简易的办法。他们先用一段透明胶带从石墨块上粘下一个薄片，然后在这段胶带上再贴上另一段胶带并撕开，这样，第二段胶带就带走了一些石墨，从而使第一段胶带上的石墨变薄了。他们一次又一次地用胶带把第一段胶带上的石墨不断带走，直到它上面只剩下单个碳原子层，这个单原子层就是最薄的石墨材料，也叫石墨烯。他们用测量光学薄膜的方法确认它是石墨烯以后，又对它的各种特性，包括导电特性和热传导特性，进行了测量。吉姆和诺沃塞洛夫于2004年在美国《科学》杂志上发表了他们的成果，这是人类第一次制备出只具有单个原子层的材料，他们两人也因此而获得了2010年度的诺贝尔物理学奖。

　　在大家都觉得不大可能制备单个原子层材料的情况下，吉姆和诺沃塞洛夫仍然愿意尝试去打破这种不可能性，其创造精神是难能可贵的。

　　在面对"不可能"的结论时，很多情况下仍然值得去尝试一下，看看到底有没有可能性，反正这样的尝试有益而无害。如果尝试没有得到什么结果，那是发挥正常；可要是万一成功了，那就是石破天惊！